Jacques Lacan
Uma biografia intelectual

Oscar Cesarotto
Márcio Peter de Souza Leite
com a colaboração de
Mario Pujó

JACQUES LACAN

Uma biografia intelectual

(Revisto e ampliado)

ILUMI/URAS

Copyright © 1993
Oscar Cesarotto e Márcio Peter de Souza Leite

Copyright © 2001 desta edição
Editora Iluminuras Ltda.

Capa
Eder Cardoso / Iluminuras
sobre *Ikebana lacaniano # 4* (2005), de Oscar Cesarotto.

Revisão
Ana Luiza Couto

CIP-BRASIL. CATALOGAÇÃO-NA-FONTE
SINDICATO NACIONAL DOS EDITORES DE LIVROS, RJ

C419j
2.ed.

Cesarotto, Oscar, 1950-
　　Jacques Lacan : uma biografia intelectual / Oscar Cesarotto, Márcio Peter de Souza Leite com a colaboração de Mario Pujó. - 2.ed., [rev. e ampl.]. - São Paulo : Iluminuras, 2010.

　　Apêndice
　　Inclui bibliografia
　　ISBN 978-85-7321-320-1

　　1. Lacan, Jacques, 1901-1981. 2. Psicanalistas - França - Biografia. 3. Psicanálise. I. Leite, Márcio Peter de Souza. II. Pujó, Mario. III. Título.

10-0325.　　　　　　CDD: 921.4
　　　　　　　　　　CDU: 929:1(44)

26.01.10　28.01.10　　　　　　　017290

2023
EDITORA ILUMINURAS LTDA.
Rua Salvador Corrêa, 119 - 04109-070
Aclimação São Paulo - SP - Brasil
Tel./Fax: 55 11 3031-6161
iluminuras@iluminuras.com.br
www.iluminuras.com.br

ÍNDICE

Apresentação, 9
  Geraldino Alves Ferreira Neto
Cronologia, 11
Lacan biografado, 15

O RETORNO A FREUD

Antes de Lacan, 21
A geografia & o destino, 27
O inconsciente ao sul do Equador, 35
A peste pasteurizada, 41
Ortodoxia *versus* coisa freudiana, 47
Roma 53: Lacan freudiano, 53

ATRAVÉS DO ESPELHO

Lacan surrealista, 61
Lacan criminalista, 69
Vítima, não mártir, 79
Lacan psicanalista, 85
Lacan lacaniano, 95
Lacan kleiniano, 107
Lacan filósofo, 113

Lacan mestre, 121
Um por um: à política do grão de areia, 127
Lacan super-herói, 135
Mais, ainda, 139

A OBRA DE LACAN

A psicose como paradigma, 145
O discurso lacaniano, 161
O lacanismo & o lacanês, 173
Introdução às introduções, 181
Sistema de pensamento, 185
Lista cronológica das obras de Jacques Lacan, 189

APRESENTAÇÃO

Geraldino Alves Ferreira Neto

Mais uma vez comparecem ao cenário psicanalítico brasileiro textos de Márcio Peter e Oscar Cesarotto. Autores, ambos, de vários livros, recriam neste trabalho ideias anteriormente elaboradas, e hoje mais amadurecidas.

Quase poderia dizer que a história da psicanálise lacaniana em São Paulo pode ser montada com base na produção, ora individual, ora comum, desses dois fecundos articuladores do pensar psicanalítico, por meio de seus artigos em jornais e revistas, seus livros, palestras, cursos, grupos de estudo, alimentados pela prática constante da escuta atenta que sedimenta sua fundamentação teórica.

Origens diferentes na formação dos autores permitem uma amálgama de boa liga. Vindo da psiquiatria, Márcio Peter tem sido exímio na precisão conceitual de uma psicopatologia arejada, especialmente no campo minado da psicose, em que não é fácil encontrar êmulos à altura.

Mais voltado à literatura e artes, Oscar Cesarotto debulha vasta cultura geral que fascina os assíduos ouvintes dos grupos de estudos, nos quais a psicanálise fica mais bonita num ensino vibrante e caloroso, brasileiro, apesar do sotaque.

O que leva um analista a escrever e falar? Freud, ao balanço de um trem e nas conferências, Lacan em seus escritos e seminários; de tanto ouvir, há que falar, escrever, produzir, fazer avançar a teorização, nesta máquina de moer significantes em que o analista foi transformado por sua própria análise e que, uma vez posta em movimento, instaura o circuito fala-escuta-escrita, nesse interminável moto-contínuo em que o ser de fala tenta escamotear a falta de ser.

Para quem escreve um psicanalista? Com certeza que para outros analistas, que reduplicam seu mesmo efeito de inércia da própria análise. Infelizmente, entre alguns lacanianos, isso tem implicado que o destinatário seja necessariamente um membro da confraria, único capaz de devolver a mensagem de forma invertida, embora incestuosa, girando sempre em torno do próprio umbigo.

Os autores deste livro têm-se mostrado rebeldes a essa tradição, abrindo vários canais de interlocução com outros parentes psicanalíticos, sobretudo os kleinianos, com os quais o diálogo tem sido bilateral e enriquecedor. A psicanálise cresce com isso, e o público leitor continua na expectativa de que novos trabalhos como este venham brindar seu desejo de saber.

CRONOLOGIA

1901 - 13 de abril: nascimento, em Paris, de Jacques Lacan, numa família da alta burguesia. Após os estudos secundários no Colégio Stanislas, inicia curso de Medicina, especializando-se em Psiquiatria sob a direção de Gaetan de Clérambault.

1932 - Tese de doutorado: "Da psicose paranoica em suas relações com a personalidade". Por volta dessa época, Lacan convive com os surrealistas Eluard, Dali, Bataille, Malraux e Barrault.

1936 - Apresenta uma comunicação sobre "O estado do espelho" no Congresso Internacional de Psicanálise de Marienbad.

1949 - Numa comunicação ao XVI Congresso Internacional de Psicanálise, em Zurique, intitulada "O estado do espelho como formador da função do Eu", Lacan dá uma formulação definitiva de suas ideias expressas desde 1936.

1952 - No Congresso dos Psicanalistas de Língua Latina, comunicação intitulada: "Intervenção sobre a transferência".

1952-53 - Primeiro seminário oficial de Lacan, dedicado aos escritos técnicos de Freud.

1953 - No Congresso dos Psicanalistas de Língua Francesa, reunido em Roma, Lacan é encarregado de apresentar o relatório da Sociedade Psicanalítica de Paris. Surgem divergências entre ele e essa sociedade a propósito da concepção da formação do analista; em 26 de setembro, lê seu trabalho "Função e campo da palavra e da linguagem" no Instituto de Psicologia da Universidade de Roma. Esse fato origina uma ruptura tumultuosa com a Sociedade e a formação do grupo Lacan-Lagache.

1957 - No dia 9 de maio, conferência na Sorbonne: "A instância da letra no inconsciente ou a razão depois de Freud".

1958 - Em maio, conferência no Instituto Max-Plank, de Munique, sobre a "Significação do falo". Em julho, Lacan faz uma comunicação no Colóquio de Royaumont sobre "A direção do tratamento e os princípios de seu poder".

1963 - Novas divergências ocasionam uma ruptura no grupo Lacan-Lagache e a criação da Associação Psicanalítica de França e da Escola Freudiana de Paris.

1964-65 - Seminário sobre os "Os quatro conceitos fundamentais da psicanálise", na École Pratique des Hautes Étudés.

1966 - Publicação dos *Escritos*, reunindo artigos, comunicações e conferências de Lacan relativos ao período de 1936 a 1966.

1967 - Lacan na Itália. Conferências na Universidade de Roma e no Instituto Francês, de Nápoles e Milão.

1968 - Lacan funda a revista *Scilicet*.

1972-73 – "*Encore*" (Mais, ainda), seminário considerado ponto de virada do pensamento lacaniano.

1974 - Outra vez na Itália, por ocasião do Congresso da Escola Freudiana, em Roma. Conferência de Imprensa.

1975 - Lacan participa do simpósio sobre estruturalismo na Universidade de Baltimore, EUA.

1980 - Em janeiro, dissolução da Escola Freudiana de Paris e posterior fundação da Escola da Causa Freudiana. Em julho, Lacan viaja a Caracas, Venezuela, por ocasião do Congresso da Fundação do Campo Freudiano, o qual preside.

1981 - 11 de setembro: Jacques Lacan morre em Paris aos 80 anos.

LACAN BIOGRAFADO

O caleidoscópio é sempre o mesmo. As imagens que produz, porém, variam, multiplicando-se após cada movimento.

Da mesma forma, os personagens da história, embora vivam apenas uma única vida, aparecem de tantas maneiras quantas sejam os pontos de vista daqueles que os veem.

Os narradores nunca escapam de transformar seus personagens em fantoches, os quais, em última análise, dublam suas falas. E, ao recriá-los através de medidas exatas, muitas vezes se esquecem de deixar transparecer o aspecto contraditório que todo ser possui. Assim, colocam de lado suas limitações: o elemento que o diferencia dos deuses e o torna humano.

Considerando-se que a psicanálise ensina que a recordação do passado não passa de um sonho recriado a partir do presente, que fazer então com Lacan? Como encontrá-lo por trás das diversas máscaras que se confundem com seu rosto?

Um ensaio que pretendesse seguir as normas acadêmicas não estaria sendo fiel aos seus princípios. Pois a psicanálise, ao colocar o axioma de que a verdade nunca pode ser esgotada, impõe uma restrição a toda tentativa de acesso ao real, até mesmo quando ela se apresenta como reconstrução histórica.

Assim, que outra possibilidade haveria de se construir uma biografia, a não ser pela via da ficção? Que outra coisa se pode fazer com a sequência de acontecimentos que constitui uma vida, senão cristalizá-la em aspectos condensados, criando uma ilusão de coerência, possível apenas numa narrativa?

Sem dúvida, essa dificuldade aumenta quando se trata de uma figura como Lacan, em que o confessional é propositalmente omitido em seus textos, e a lenda supera o contestável. A investigação objetiva de sua existência esbarra em mistificações que tornam o mistério que envolve sua pessoa mais interessante do que qualquer coisa que possa ter sido a verdade sobre seus passos.

Por isso, não é do ser biológico que vamos falar, nem daquele cujo corpo foi o palco de vivências experimentadas em muitos planos e habitado por diferentes personagens. Falaremos, sim, das ideias desses personagens, que independem desse corpo e o transcendem.

Uma biografia intelectual? Pois é, a partir dos nascimentos, vidas e mortes de seus textos. Não vamos falar do homem Jacques-Marie Émile Lacan, mas do autor dos *Escritos*, do condutor dos Seminários, da figura polêmica que se universalizou após a morte, transformando-se em significante. Vamos falar do Lacan revolucionário que, como um ácido, corroeu os alicerces de muitos edifícios do saber atual; do Lacan bizarro, fascinante, que esteve próximo do movimento surrealista; do Lacan guerreiro, que estremeceu as estruturas podres das instituições psicanalíticas; do Lacan mestre, que nos ensinou que esta poderia ser a melhor forma de encontrá-lo.

Desse Lacan que, apesar de nunca ter estado no Brasil, tornou-se aqui o epicentro de convulsões e ressacas intelectuais, num efeito de sentido que, "lacanagens" à parte, se liga a seu nome pela redescoberta da autenticidade freudiana, com todos os incômodos que isso causa aos acomodados da civilização.

Os personagens escolhidos não são os únicos existentes, pois esse Lacan múltiplo é como um camaleão, que varia sem deixar de ser uno, mostrando-se sempre diferente e revelando-se inesgotável.

Por isso, preferimos olhá-lo através de uma perspectiva engajada, aproveitando, de sua vida exemplar, a lição do inconformismo para com as conivências oportunistas e a busca incansável da verdade, e que, por mais inatingível que pareça, deve mesmo assim ser procurada.

Achamos esse Lacan como mais uma miragem do espelho no qual Alice olhou sem se ver para apenas se encontrar do outro lado, porém sem nunca saber de que lado estava.

O espelho, tema lacaniano fundamental, é o eixo desses reflexos em que o decompomos, para encontrar em cada um deles um traço autônomo, ainda que fictício.

Talvez por isso este trabalho se aproxime mais de um ensaio literário do que de uma biografia. Mas não criou Lacan, ele mesmo, uma ficção sobre si? E não é essa, em última análise, a função do analista: suportar a fabulação que cada analisando faz de sua pessoa?

Lacan, às vezes, se colocava como cientista, às vezes como poeta. A dimensão da ambiguidade e do paradoxo fez parte constante de seu ensino. A certeza, diria ele numa entrevista, só é própria da paranoia.

Afirmação coerente para quem questionou sem trégua a conceituação do ego como organismo integrado, homogêneo e adequado.

Pois foi justamente ao enfatizar sua função de desconhecimento que recuperou um dos aspectos mais controvertidos da psicanálise: a radicalidade da função do inconsciente.

Para que mostrar, então, um Lacan organizado, coerente, programado? Características que, se presentes em sua teoria, nem por isso existiram em sua vida.

Que fique para o leitor a tarefa de encontrar as coincidências, nas dimensões desse espelho em que sua imagem é recriada em diferentes cenários. Que cada um ajuste o caleidoscópio a sua ótica particular, encontrando, por si mesmo, a ordem de leitura que lhe convém.

O que não se pode é ignorar a presença de Lacan.

Alguns comparam o efeito de sua obra, no que se relaciona a Freud, à de Galileu, no que esta se referia à de Copérnico.

Todas as duas, a de Freud e a de Copérnico, foram revoluções no pensamento da humanidade, que nunca mais foi a mesma depois deles. Acrescente-se Darwin.

Outros dizem que o século XXI será lacaniano. Alegoria, talvez, do novo homem imerso nas consequências da descoberta de si mesmo, que já não mais poderão ser esquecidas.

O enredo desta novela é o de um psiquiatra que encontrou na paranoia o caminho para a psicanálise. O vilão são os barões do poder que resistiam aos efeitos subversivos, mesmo para os próprios analistas, da obra de Freud. O herói, a teimosia de nosso personagem ao manter-se fiel à causa freudiana.

A moral da história ficará por conta do leitor, convidado a tirar suas conclusões por conta e risco do desejo em jogo.

O RETORNO A FREUD

ANTES DE LACAN

Governar e educar são dois impossíveis, aos quais Freud acrescenta a psicanálise. Escrever sobre ela, então, como diz nossa gente, é como carregar água em cesto.

O que não invalida novas tentativas, ao menos para os habituados a pescar em águas turvas, ou mesmo secas, já que, nestes tempos pós-pós-modernos, essa velha senhora se instalou definitivamente entre nós.

Dizem uns que ela se transformou em ideologia; outros, em seita; alguns querem que ela ocupe o lugar da religião; uns e outros a veem apenas como técnica; outros e alguns, como método e tantas coisas mais quantas queira o freguês, mas todos falam muito nela. Coitada, pois uma quantidade de práticas completamente diferentes é equivocadamente chamada pelo mesmo nome.

Desnecessário dizer que há muita confusão no assunto, desde que Freud apelidou a sua de peste, brigou com Jung, separou-se de Adler e criticou Reich, entre outros atritos, tudo para manter a virulência de sua descoberta. Porém, para quem sabe que nem todos os gatos são pardos, pareceria, em alguns casos, que a cobra perdeu o veneno.

Após a morte de Freud, a velha senhora, sem a força de sua proteção, adocicou-se, e foi facilmente convencida a servir a outros senhores, que não ao sábio que escrevera a palavra mágica em sua testa, dando-lhe vida como a um Golem. Mordia sem dano. Domesticou-se, como se diz.

A psicanálise ficou inflacionada por escolas, tendências, grupos, associações, instituições, sem se confundir, entretanto, com nenhuma delas. Mas é o risco que ela corre, por ser enunciada quase sempre, a partir de algum desses lugares. Fato que não nos permite ingenuidades. Se a velha senhora se desdentou, foi principalmente por mascar muito chiclete americano ou, em outras paisagens, talvez por sofrer de amnésia de conveniência.

Comecemos, então, por nos situar, não como simples comentadores anônimos e alheios a nossa cultura, mas comprometidos com a ideia de que, ainda que o inconsciente seja universal, a psicanálise não o é, ou seja, ela é refeita em cada língua, e isso traz consequências.

Este livro conta a história do exorcismo feito por um bruxo que quis trazer o espírito de Freud de volta a essa velha dama sem dentes que, por esse ato, rejuvenesceu...

Por que foi necessário retomar a Freud?

Só se retorna a um lugar onde já se esteve e, se resulta inevitável voltar, é porque então, certamente, não se está mais no mesmo local.

Se o leitor está de acordo com a afirmação de que o inconsciente existe, não deveria, entretanto, ter tanta certeza de haver um consenso sobre o lugar onde se encontra.

Assim, para começar da estaca zero, vamos partir de um lugar--comum: Freud, o descobridor do inconsciente. Continuando, em seguida, com uma pergunta capciosa: por que teria sido necessário descobrir o inconsciente?

A resposta óbvia: porque ele estava encoberto! Essa circunstância não foi exclusiva da psicanálise. Por exemplo, não acreditara Colombo ter chegado às Índias e não a um novo continente? Era porque a América estava encoberta pela crença de ser a Europa o centro do mundo, nada havendo do outro lado do mar.

Como assim? Acontece que, dialeticamente, toda e qualquer crença exige, ao mesmo tempo, não se acreditar em alguma outra coisa.

Por isso, a representação do ser humano como racional, dono de si mesmo, de seus pensamentos e ações, foi o obstáculo que encobriu o inconsciente antes de Freud iniciar sua empresa epistemológica.

De qualquer maneira, assim como os indígenas e os vikings conheciam a América muito antes dos europeus, alguns poetas e pensadores intuíam que havia um "reino das paixões" e uma "razão da sem-razão", além das ilusões de autonomia do indivíduo que identificava sua existência toda com sua consciência.

Só que o inconsciente postulado por Freud pouco ou nada tinha que ver com o que os românticos e os filósofos pensavam, algo como a outra cara da consciência ou o lado obscuro da alma. Tratava-se de um conceito revolucionário, muito preciso em sua formalização, e que decorria da elaboração de uma prática clínica original: a análise. Descoberta grandiosa que, ao dar conta do específico da condição humana, desvendava e revelava nossa constituição como sujeitos falantes, presos a impulsos e sobredeterminações incontroláveis intencionalmente.

A partir do momento em que foi formulado, no fim do século XIX, o inconsciente impôs uma mudança radical na concepção que o homem tinha de si mesmo: não era mais "amo em sua própria casa", significando isso que o dito-cujo não tem o total domínio de seu psiquismo por ser sempre desconhecedor de seus desejos. É o que acontece ao homem no ato de falar, quando, às vezes, diz mais, ou mesmo outra coisa, do que pretendia conscientemente ao abrir a boca.

Foi um golpe baixo no amor-próprio da humanidade; foi uma afronta psicológica que, segundo Freud, veio se somar à biológica, representada pela teoria evolucionista de Darwin, que marginou o *Homo sapiens* do centro da evolução, em que biblicamente fora colocado por Deus, e à cosmológica, infringida pela descoberta de Copérnico, ao diminuir a importância da Terra, tirando-a do centro do Universo.

Mas não foi sem dificuldades, nem da noite para o dia, que a novidade freudiana fez-se ouvir no mundo contemporâneo. Foi assim que a primeira edição da *Interpretação dos sonhos* — 500 exemplares editados em 1900 — demorou mais de 10 anos para esgotar.

O fato de Freud ser modernamente um campeão de bilheteria não significa, entretanto, que se compreendam e aceitem as implicações da postulação do inconsciente. Muito pelo contrário, a banalização do conceito não esconde a resistência a suas consequências, já que ninguém perdoa a Freud o fato de ter trazido sua "má nova": que o sério do humano é ser feito do mesmo material que uma piada ou um trocadilho.

Pois, por detrás dos tropeços de linguagem e dos jogos de palavras, esconde-se um sentido outro que o corriqueiro. Quem fala nem sempre sabe o que diz, ou, quando diz o que quer dizer, não sabe o que está falando.

Além disso, quem fala não sabe que está dizendo algo que tem que ver com a verdade, quando, no momento em que se atrapalha com as palavras, sem deixar de dizer, não diz o que quer...

É assim que o inconsciente freudiano, que nada tem de inefável, manifesta-se concretamente através da linguagem, que, por sua vez, constitui o campo específico da prática do psicanalista.

Muitos analistas, no entanto, principalmente depois da morte de Freud, pretenderam encontrar o inconsciente em outros lugares.

Nesse deslocamento, até mesmo minimizariam seus efeitos para justificar outras práticas, que de psicanálise só teriam o nome.

Ora, o Brasil não ficou isento dessas deturpações. Além disso, aqui a psicanálise, como quase todas as outras disciplinas científicas, também apresentou patentes marcas das diversas influências culturais a que o país esteve — e continua estando — submetido.

Basta irmos a uma livraria, esses aquários do saber, para depararmos com uma proliferação de livros que atestam uma verdadeira anarquia editorial: inúmeros títulos importados, muitos autores estrangeiros tidos como mestres, colonialismo intelectual. Entretanto, no que dizia respeito à exiguidade dos comentadores por voz própria das teorizações inauguradas por Freud, nos últimos anos, a produção local já marca presença nas prateleiras.

Assim, um dos objetivos destas páginas é questionar alguns dos desvios da obra freudiana e a reação a isso por meio de sua reformulação, proposta por Jacques Lacan, além de apontar o impacto imediato no panorama contemporâneo da psicanálise.

Pois nem todos os livros que levam tal alcunha fazem jus a ela, sendo imprescindível discernir o que as estantes contêm. Por isso, no meio dos gatos por lebres, é importante não esquecer que a qualidade da psicanálise é decorrente da soma de fatores diversos, tanto históricos quanto políticos, econômicos e ideológicos. E ainda os modismos, que fizeram dos psicanalistas personagens da cultura...

A GEOGRAFIA & O DESTINO

O inconsciente é, sem dúvida, universal, ao menos entre os seres falantes, pois quem dentre nós não sonha, não comete lapsos de linguagem, não tem suas pequenas manias?

O mesmo, no entanto, não pode ser afirmado em relação à psicanálise. A prática terapêutica que Freud inaugurara, e que rapidamente se espalhara por diversos países, sofreu sorte diferente, dependendo do lugar onde se difundiu.

A psicanálise, árvore de raízes europeias cujos ramos florescem pelo mundo afora, não parece crescer em todo lado do mesmo jeito. Ela quase não existe na Rússia, nem na China, nem na África... Fato que dá muito o que pensar. Que razões, ideológicas ou culturais, ou ambas, favorecem ou desestimulam sua aclimatação?

"A geografia é o destino", dizia Napoleão. E, como aprendemos na escola, inexistindo geografia sem história isso nos impõe uma breve reflexão sobre os destinos psicanalíticos, para — só então — podermos compreender sua atual expressão no Brasil.

Começando pela Áustria. O esplêndido isolamento em que, no começo, Freud se viu por quase dez anos foi aos poucos sendo substituído pela afluência de curiosos e interessados em sua proposta. Por volta de 1908, a Sociedade Psicológica das Quartas-feiras, nome dado ao grupo que se reunia em sua casa, contava com um número expressivo de pessoas e constituía já um embrião de uma sociedade internacional.

Estavam lá, além dos austríacos, Abraham, da Alemanha, Ferenczi, da Hungria, Brill, dos Estados Unidos, Jones, da

Inglaterra, e outros. Jung, de origem suíça, viria mais tarde se juntar ao grupo.

Apesar desse início promissor, apenas uns poucos anos depois, em 1910 — momento da organização formal da Sociedade Internacional de Psicanálise —, numa antecipação da sina funesta que teriam as organizações analíticas, outras razões, além das aparentes, levariam Freud a convidar Jung para ser o primeiro presidente da entidade.

Já naquela época, era importante para Freud vê-la dirigida por alguém de nacionalidade diferente da sua, e não judeu. Dessa maneira, evitava-se que sua doutrina fosse vista como uma questão semita, e apenas um fenômeno centro-europeu.

Ao mesmo tempo que isso acontecia, curiosamente, foi criado um "comitê" secreto que funcionava além da hierarquia manifesta da instituição que acabavam de fundar. O "comitê", um grupo de sete analistas escolhidos por Freud, tinha o objetivo de defender os interesses científicos e ortodoxos da psicanálise, cuidando de sua qualidade e evitando desvios. Como numa confraria, os sete membros foram presenteados por ele com um antigo entalhe grego, retirado de sua coleção, que logo todos fizeram engastar em um anel de ouro, e cujo uso simbolizava o pacto estabelecido entre eles.

Paremos um pouco aqui para examinar o que estaria acontecendo. Já naqueles dias, do que teria de se defender a psicanálise?

Se foi necessário constituir um "comitê", como um poder paralelo ao da Sociedade Internacional, isso indica que Freud, desde então, não acreditava muito na possibilidade burocrática de transmissão e garantia de sua criação.

Ainda nesses primórdios, era possível prever um futuro difícil que desde cedo se impunha como certo. Atacada pelos de fora, e deturpada pelos de dentro, foi preciso, para assegurar a sobrevivência de sua invenção, que Freud fizesse concessões políticas.

O "comitê" seria, assim, o aval do compromisso da causa analítica, para não deixar que ela sofresse as influências das necessidades mundanas das agrupações. Havia uma "verdadeira psicanálise" a ser preservada.

Enquanto Freud era vivo, mais do que tudo, a instituição analítica estava centrada em sua pessoa, em torno da qual todos os grupos convergiam.

Ironicamente, seria a guerra e suas sequelas que determinariam a afirmação da psicanálise em outros países, com suas características específicas, relativamente independentes do jugo de Viena.

Por coincidência, tudo se iniciou aí. Essa simpática cidade, berço da imperatriz Sissi, das valsas de Strauss e das salsichas, deu ao mundo Sigmund Freud, mas também Adolf Hitler.

Nunca houve coexistência pacífica entre a psicanálise e o nacional-socialismo: as juventudes hitleristas acharam que o inconsciente era uma intriga judaica premeditada para contaminar a pureza da raça ariana.

Quando os livros de Freud começaram a ser queimados em praça pública, os psicanalistas de origem hebraica acharam melhor evitar tal prova de fogo, e deram origem a uma nova "diáspora".

Alguns emigrantes encontraram um pouco de alívio, durante mais ou menos um ano, em Copenhague, Oslo, Estocolmo e Zurique. Mas a maioria, finalmente, transportou-se para a Inglaterra e América do Norte.

Entre muitos, para aí foram Erich Fromm, Karen Horney, Ernst Kris, Heinz Hartmann e outros. Otto Rank, esteve primeiro em Paris, antes de continuar sua viagem para Nova York. Alguns escolheram a América Latina, como fez Marie Langer, que foi para a Argentina, ou Adelheid Koch, que viria para o Brasil.

Por sua vez, Freud ficou impossibilitado de sair da Áustria, e sua vida chegou a correr sério perigo. Foi graças aos esforços da princesa Marie Bonaparte, do embaixador americano William

Bullit e de Benito Mussolini que conseguiu obter um salvo-conduto que lhe permitiu emigrar para Londres, já em 1938, para lá morrer no ano seguinte.

Tudo isso mudaria rapidamente o panorama mundial da psicanálise, relativizando sua antiga centralização num único grupo de analistas ligados diretamente ao velho mestre e situados num mesmo lugar.

A Inglaterra — "cemitério de elefantes" intelectuais — acolheu Freud, que, como Marx, muitos anos antes, morreu em Londres, exilado.

O predomínio da análise, em breve, passaria a se dar dentro do domínio da língua inglesa. Foram os ingleses os primeiros que, além de traduzir, esquematizaram a produção completa de Freud de maneira organizada, publicando *The Standard Edition of the Psychological Works of Sigmund Freud*.

O pensamento de Freud havia sido introduzido nesse país por Ernst Jones, um de seus primeiros e mais fiéis discípulos. Em 1925, como presidente da promissora Sociedade Britânica de Psicanálise, convidou Melanie Klein para ir a Londres proferir uma série de conferências.

Melanie Klein, de origem austríaca, em 1916 havia se instalado em Budapeste, onde tinha elaborado um estilo de terapia de crianças baseada na utilização de jogos. Em 1921, a convite de Abraham, havia se mudado para Berlim, onde permaneceu até ir para a Inglaterra, por sugestão de Jones.

Sua técnica, que permitia pôr em evidência o papel determinante desempenhado por algumas angústias extremamente precoces na evolução psíquica, foi ignorada por Freud, aumentando assim as controvérsias entre Berlim e Viena. Anna Freud, depositária da autoridade de seu pai, e igualmente especializada na observação do psiquismo infantil, contestava com veemência a existência de neuroses transferenciais nas crianças e, consequentemente, o próprio princípio de cura psicanalítica que lhe fosse adaptada.

Depois de sua acolhida pela Sociedade Britânica, em breve nasceria, no interior dela, uma autêntica escola "kleiniana", que, por ocasião da polêmica que se instaurou a partir de 1926 com Anna Freud, não tardaria em tomar o aspecto de uma verdadeira dissidência.

O advento do regime nazista na Alemanha, estendido à Áustria em 1938, provocou o afluxo para Londres de muitos analistas de Berlim, seguidos pelos de Viena, geralmente fiéis à ortodoxia freudiana. A partir de então, e até a morte de Melanie Klein, em 1960, o confronto constituiria o estado normal das relações entre seus adeptos e os outros.

O próprio Jones, biógrafo do pai de Anna e um dos portadores do anel que o identificava como membro do "comitê", numa metamorfose teórico-política acabou aderindo às teses de Klein.

Dela, e de suas ideias, muitas coisas positivas podem ser reconhecidas, embora sua versão da teoria — que passou a ser o dogma oficial da Sociedade Psicanalítica Internacional e suas filiais — tenha produzido o curioso efeito de relegar a obra freudiana ao porão das coisas esquecidas.

No entanto, se durante o período da guerra e depois dela, a psicanálise encontrou seu desenvolvimento nos países de língua inglesa, nos de língua alemã, que antes detinham sua hegemonia, ela quase desapareceu.

Paradoxalmente, a situação ainda continua a mesma, apesar de passados tantos anos do fim do nazismo.

Alguns tentam entender isso, por exemplo, a partir do que atualmente acontece na Alemanha, onde a estrutura previdenciária estatal impede o exercício liberal dessa prática, pois, ao reembolsar o pagamento feito pelos tratamentos, o paciente e o analista são controlados pelos "fundos de enfermidade", que decidem, modificando os critérios da análise, sobre a interrupção ou continuidade do tratamento.

Nos países onde a "socialização" da medicina atrapalha a psicanálise, que por sinal nada tem que ver com ela, fica evidente a fragilidade dela em relação aos "sistemas" políticos de governo sob os quais é exercida.

Da mesma maneira, assim como os analistas dos EUA certamente se beneficiaram do trabalho de tradução e divulgação feito por seus colegas ingleses, também é certo que o sistema político e ideológico norte-americano contribuiu para a enorme propagação da psicologia analítica nesse país.

Já em 1909 os Estados Unidos haviam recepcionado Freud, que aí viajou a convite da Clark University, junto com Jung e Ferenczi.

Pensava, então, estar levando a peste ao novo mundo. Muito pelo contrário, foi aí que a peste virou vitamina. Em um país onde o sucesso pessoal é o bem supremo e a adequação ao meio o esperado dos cidadãos, a novidade freudiana foi rapidamente absorvida, não sem antes esterilizarem-na.

Os ianques criaram uma versão da psicanálise que, embora com o mesmo nome, acabou sendo outra coisa.

Loewenstein, Kris e Hartmann, o triunvirato sediado em Nova York, ofereceram uma teoria adaptacionista que foi imediatamente aceita em função da demanda. Promoveram a noção do Ego-Autônomo, que, com sua esfera "livre de conflitos", era capaz de se vincular à realidade e integrar-se harmonicamente à sociedade de homens livres e à iniciativa privada.

Freud se contorceu no túmulo, John Wayne adorou...

Foi distorcendo aquela sugestão de Freud de ver a eficácia clínica na particularidade de cada caso, nas experiências efetivamente vividas por cada pessoa, que se falseou essa marca simbólica que é a cifra única do destino de cada um.

Como o bom senso não podia ou não queria ser questionado, a psicanálise americana se conformou com os parâmetros da "normalidade" oficial: as medidas do poder. Deixava-se assim de reafirmar essa condição de individualidade, de solidão mesma que o ser humano carrega, para o bem ou para o mal.

"Domesticada" pelo *american way of life*, uma enxurrada de termos novos foi acrescentada a seu discurso: *human relations, basic personality, patterns, success, happiness* etc. E o produto final foi exportado pelo mundo afora, como salvaguarda dos valores ocidentais, cristãos e capitalistas.

No que se refere aos países de outras línguas, além da inglesa e alemã, é o movimento na França que merece um destaque especial.

Pois a simpatia dos franceses pelo inconsciente é antiga, chegando até mesmo a considerá-lo como um patrimônio nacional, querendo mesmo, às vezes, atribuir sua descoberta a Pierre Janet. Sempre lembram, também, a estada de Freud na Salpetrière e a importância de Charcot no início da investigação freudiana.

O interesse pela psicanálise, no entanto, que começara, de fato, timidamente nas vésperas da Primeira Grande Guerra, entre 1914 e 1918, extinguiu-se por completo. Isso se explica pelo grande transtorno que a França sofreu na época. Ao que se juntou, sem dúvida, o preconceito que pesava sobre toda produção editada em língua alemã, odiada pela maioria dos gauleses, que, ainda sendo pacifistas e abertos ao espírito europeu, viam, no idioma de Freud, algo maldito...

Somente em 1926, após muitas dificuldades e resistências, finalmente os analistas franceses se organizariam em torno de uma instituição, a Sociedade Psicanalítica de Paris. Seus fundadores, entre os quais se destacava Marie Bonaparte, foram E. Sokonilcka, Loewenstein e outros.

Uma vez organizada, tal Sociedade não parou de trabalhar. Mas em 1953 surgiriam discrepâncias internas, que se agravaram no momento da criação de um Instituto de formação. Como resultado disso, no fim daquele ano apareceu uma segunda associação, a Sociedade Francesa de Psicanálise.

Nessa nova agrupação estava Jacques Lacan, em torno de quem aconteceria uma polêmica de enormes consequências ulteriores, e não só na França.

Recapitulemos, no entanto, o exposto até aqui: nos anos 1950, em termos formais, considerava-se ultrapassada a teoria de Freud. Fora substituída, nos Estados Unidos, por noções culturalistas e adaptacionistas; na Inglaterra, por noções kleinianas, sendo que esses países dominavam a orientação da psicanálise em quase todos os outros lugares onde era praticada, Brasil incluído.

Depois da morte de Freud, uma década foi o tempo suficiente para anular o caráter subversivo de sua obra. Participaram disso contingências diversas, desde necessidades pessoais até imposições políticas, dando como resultado que pouco ou nada ficou do espírito original atribuído a ela por seu criador.

Como mostraremos, nem todos estavam surdos a essa deturpação do legado freudiano. Seria com Lacan e seu movimento de retorno que ela retomaria seu vigor.

E as ramificações disso, nos países em que existe a psicanálise, representam os aspectos principais de sua história atual.

O INCONSCIENTE AO SUL DO EQUADOR

No que se refere à cultura, embora geograficamente distante da Europa, o Brasil nunca esteve alheio às mudanças lá ocorridas.

Tanto os valores morais como a vida social sofreram no continente europeu enormes modificações no período que se seguiu ao fim da Primeira Grande Guerra, abrindo, concomitantemente, em nosso país, por volta de 1919, uma nova era nos costumes e comportamentos.

Por exemplo: não sem grande escândalo, as mulheres começaram, nessa época, a guiar automóvel, a fumar, a trabalhar no comércio.

Paralelamente, a cultura ia se transformando, e a literatura e o teatro, acompanhando os tempos, passaram a ter maior liberdade, rompendo com os tabus anteriores.

Foi nesse clima de mudanças que surgiu, em São Paulo, uma revolução estética, rotulada modernista: a Semana de 22, cujos efeitos ainda se fazem sentir nas artes e na literatura brasileiras.

Em sintonia com esse novo ambiente permissivo às novidades, o psiquiatra paulista Franco da Rocha — fundador do conhecido hospital do Juqueri, que foi o maior manicômio da América Latina — publicou, em 1920, um livro pioneiro com o título de *O pan-sexualismo na obra de Freud*, trazendo com isso, para o meio médico local, a discussão sobre a enfermidade mental a partir da nova perspectiva aberta pela psicanálise.

Na época, nas faculdades de medicina, só era ensinada uma versão exclusivamente fisiológica do funcionamento psíquico, e esse livro, além de seu valor de vanguarda, teve também a audácia de questionar os dogmas estabelecidos sobre o tema da sexualidade.

Talvez esse episódio da história das ideias no Brasil estivesse hoje esquecido não fosse o fato de um dos leitores desse livro, o então jovem estudante de medicina Durval Marcondes, ter-se entusiasmado com o pensamento de Freud a ponto de, depois de formado, empregar a análise como método terapêutico em seu consultório.

Durval Marcondes seria, assim, um precursor da psicanálise aqui e na América Latina.

Autodidata, foi com muita dificuldade e solidão que ele aprofundaria seus interesses. Como testemunho de seu desenvolvimento, publicou, em 1926, o livro *O simbolismo estético na literatura*, que era um ensaio de uma crítica literária baseada nos elementos fornecidos pela teoria psicanalítica.

Durval enviou esse livro a Freud e ficou surpreso ao receber uma resposta dele, dizendo que, apesar de não conhecer o idioma português, havia podido entender o conteúdo do texto devido a seus conhecimentos de espanhol.

Freud deixava claro, também, seu incentivo ao autor para que continuasse com seu trabalho.

E ele continuaria. Em 1927, fundou em São Paulo uma sociedade de psicanálise, que seria a primeira da América do Sul.

Naquele tempo, no entanto, já existiam as diretrizes, que, sob o modelo da Sociedade Psicanalítica de Berlim, orientavam a formação de analistas nas instituições que pretendessem se filiar à Sociedade Internacional: a exigência de análise didática, os programas teóricos e a obrigação dos candidatos de trabalharem casos clínicos sob supervisão.

Por conseguinte, para poder formar o Instituto de Psicanálise, o órgão que dentro da Sociedade se responsabilizaria pela formação, se fazia necessária a participação de um analista didata autorizado no exterior.

Esse analista dos futuros analistas paulistas teria sido René Spitz, que mais tarde se tornou famoso em Nova York, só que os problemas trazidos pela revolução constitucionalista de 1932 tornaram impossível sua vinda naquele momento.

Passados mais alguns anos, as consequências da Segunda Grande Guerra, com a "diáspora" imposta pelos nazistas, a exemplo do que aconteceu em outros países, facilitou a instalação no Brasil de analistas formados na Europa.

Indicada por Ernst Jones, então presidente da Sociedade Internacional, a sra. Adelheid Koch aceitou vir para São Paulo. Puderam assim começar as primeiras análises didáticas. Outro tanto aconteceu no Rio de Janeiro a partir do trabalho pioneiro de Porto-Carrero, autor dos *Ensaios de psychanalyse* na segunda década do século.

Depois da consolidação do Instituto de São Paulo, estariam criadas as condições para a adequada divulgação do freudismo em nosso meio.

Teoricamente, a influência da escola inglesa, através da visão kleiniana, se tornaria dominante na Sociedade Brasileira. Marcada desde o início por uma forte inclinação aos modelos do exterior, a psicanálise, nestas terras, não chegou — a não ser, talvez, recentemente — a ter características próprias. No plano dos avatares institucionais, cabe mencionar como fato relevante: o profundo abalo das hierarquias acontecido no seio da Sociedade de Psicanálise do Rio de Janeiro nos primórdios da década de 1980. Essa crise, apesar de intensa, acabou ficando restrita a seu lugar de origem, e a crítica aos privilégios dos "barões" não se estendeu às outras filiais brasileiras da International Psychanalytical Association (IPA).

O fato de o inconsciente ter sido reconhecido bastante cedo nas paisagens brasileiras evidenciaria, além da insatisfação com os modelos de terapêutica e compreensão das manifestações psíquicas em uso na época, também o acentuado interesse nacional pelas novidades europeias. O que nos leva à reflexão de como a importação indiscriminada de ideias sem uma seleção criteriosa pode acarretar incompatibilidades que distorcem seu valor.

As novas ideias, as revolucionárias, são aquelas que conduzem o ser humano a se reformular em suas premissas anteriores, expandindo seus horizontes e libertando-o dos grilhões que limitam as chances de realizar-se em todo seu potencial. Hipóteses e teses que não deveriam estar subordinadas a outras razões, tirando aquelas que põem em causa.

Não foi isso, contudo, o que se passou com a psicanálise no momento de sua chegada ao Brasil, quando o panorama da saúde mental sofria as consequências da investida da psiquiatria alemã, representada através da famosa Liga de Higiene Mental, com sua solução eugênica para os distúrbios psíquicos.

Pois, se Freud opunha a totalidade da sua obra a essa psiquiatria que explicava tudo com sua teoria da "degeneração nervosa", por estas bandas nunca foi questionada. Uma clínica específica só poderia se constituir uma vez que a interpelação do saber psiquiátrico levasse à ruptura com a prática coercitiva à qual o médico deve seu poder.

A história da psicanálise na *terra brasilis* e suas decorrências em nossa cultura dariam um estudo superior ao contexto deste livro. Porém, as pegadas deixadas por seus precursores estão suficientemente frescas como que para não deixarmos de ver que ainda vivemos em suas marcas.

Fora alguns restos arqueológicos mal exumados, e além dos poucos predestinados que puderam ultrapassar a miopia dominante no assunto, somente agora os reflexos da herança freudiana se fazem sentir em nossos pensadores.

A mesma psicanálise, igualmente difundida em outras nações da América Latina, teria destinos e efeitos diferentes em cada um deles. Na Argentina, embora tenha começado relativamente tarde em comparação com os países vizinhos, ela teria uma aceitação e um desenvolvimento muito grandes.

A Associação Psicanalítica Argentina, fundada em 1943, foi possibilitada pela chegada, a esse país, de analistas europeus fugindo da guerra. Sua influência foi maior que a americana, para seus colegas locais, que além das cópias rotineiras não tardaram em elaborar uma considerável produção.

No ambiente institucional, a rigidez dos cânones convencionais da formação levou grupos de inconformados a romper com a APA, na década de 1970, abrindo assim um espaço social mais amplo para a multiplicação dos candidatos.

E foi também lá que os ecos da reformulação lacaniana produziram seus primeiros efeitos fora da França. Desde os anos 1960, Oscar Masotta promovia o estudo da obra de Freud e de Lacan, e seu ensino alcançou grande difusão, culminando na fundação da Escola Freudiana da Argentina.

Todas essas experiências acontecidas no rio de la Plata seriam em breve disseminadas por toda América do Sul, a partir do êxodo dos profissionais imposto pela ditadura militar que subiu ao poder em 1976.

No Brasil, principalmente em São Paulo, onde o panorama psicanalítico já se encontrava bastante modificado nos últimos anos, talvez em razão da receptividade dos currículos universitários, aos ecos do movimento francês e ao maior interesse nela por parte do público, a incidência dos modelos argentinos traria alguns avanços, contribuindo de forma importante no questionamento que a prática analítica vem sofrendo atualmente por aqui.

Nos dias de hoje, a psicanálise brasileira não está mais restrita a uma especialidade médica, e vive indiscutivelmente sua aceitação e afirmação, como tratamento terapêutico, mas também como discurso teórico de referência obrigatória no campo das ciências humanas.

O lacanismo, por sua vez, floresceu em diversas cidades e capitais de Estado nas últimas décadas, graças ao trabalho de disseminação e formação constante das instituições autóctones.

Nos anos noventa, consolidou-se internacionalmente a Associação Mundial de Psicanálise, promovida por Jacques-Alain Miller, com suas filiais locais, assim como sua réplica, o Campo Lacaniano e seus foros. Numa perspectiva otimista, pode-se pensar que há um terreno fértil para a escola de Lacan entre nós. No final das contas, os primeiros passos do retorno a Freud já foram dados, fazendo do futuro um presente contínuo.

A PESTE PASTEURIZADA

Sugeriu-se que a psicanálise nunca tenha ficado alheia aos fatores históricos, geográficos e ideológicos que a circundaram, e que, depois de Freud, teria perdido as características por ele delineadas, transformando-se conforme as necessidades regionais das diversas associações de psicanalistas que a praticavam.

Por seu lado, esses grupos se acreditavam, cada um deles, como os "autênticos" seguidores de Freud.

A problemática da "pureza" da psicanálise, embora tenha estado sempre presente na história do movimento, mostra como e por que Freud teve necessidade de especificá-la, e se esforçou em não confundi-la com outras práticas, que, embora pudessem ser semelhantes à analítica, a partir de um certo limite já não mais o eram.

Assim, em 1911, Freud rompeu com Adler por este criticar sua teoria sexual. O mesmo se daria em 1913 com Jung. Porém tanto um quanto o outro fizeram questão de não confundir seus pensamentos com o freudiano. Adler chamou seu sistema de "psicologia individual" e Jung designou o seu de "psicologia profunda".

Uma vez afirmado o prestígio de Freud, no entanto, muitos autores, mesmo não sendo coerentes com o sentido de sua doutrina e seus fundamentos, rotularam suas teses como psicanalíticas, para talvez assim, apoiando-se em seu nome, beneficiarem-se de sua fama.

Entre os muitos que dessa forma se destacaram estariam E. Fromm, K. Horney e também O. Rank.

Outro exemplo foi Wilhelm Reich, excluído da Associação Internacional em 1934, mais por sua postura política marxista do que por discordâncias teóricas.

Seu caso ilustra como, mesmo trabalhando a partir de um ponto essencial — o tema da sexualidade —, o resultado pode diferir da proposta inicial, ao transferir o centro da atenção para os meios não verbais de expressão, contrariando a técnica da associação livre. Além disso, teria errado ao nortear toda sua teoria pelo significado da satisfação sexual orgástica, exclusivamente.

O que os analistas ortodoxos denominavam sublimação era, para Reich, o produto racionalizado das inibições sexuais burguesas. Por isso, argumentava que, em razão de pressões conformistas, Freud tinha traído sua posição original e revolucionária a favor dos direitos da libido.

Freud, por sua vez, retrucou que Reich estava tentando fazer a psicanálise regredir à noção de sexualidade que havia antes dela. Assim, em 1932, nas *Novas lições introdutórias*, referiu-se aos dissidentes como aqueles que haviam captado apenas um pequeno fragmento da verdade. Acusou Adler de haver escolhido somente um instinto dominante; Jung, um conflito ético; Rank, um conflito com a mãe; e Reich, a questão da genitalidade.

Indiferentes aos esforços de Freud, no entanto, após sua morte, sem sua presença para garantir a integridade da psicanálise, outros analistas propuseram uma "vulgata" que contrariava a doutrina original, sem nunca, apesar disso, terem sido afastados das sociedades a que pertenciam.

É o que se poderia demonstrar levando em conta as ideias do "triunvirato de Nova York" — Hartmann, Loewenstein e Kris —, que detinha o poder institucional na década de 1950 e para quem o inconsciente tinha sido relegado à categoria de peça de museu.

Como isso chegou a acontecer? Os psicanalistas que cruzaram o Atlântico e se fixaram nos Estados Unidos fugindo do nazismo aí reformularam a teoria freudiana destacando o ego como intermediário entre o mundo interno e o externo, dando-lhe o valor principal de âmago da subjetividade. Poderíamos pensar ingenuamente que o próprio Freud fornecera os elementos para essa distorção, ao tematizar — no começo da década de 1920 — a divisão do psiquismo da "segunda tópica", em ego (eu), id (isso) e superego (supereu), para complementar a "primeira tópica", aquela de consciente, pré-consciente e inconsciente.

Só que seria preciso uma leitura muito desfocada para encontrar no conceito freudiano de ego aquilo que coincidiria com a versão de ego — também chamado *self* — da psicologia geral não psicanalítica, algo assim como o lugar da síntese ou o verdadeiro centro da personalidade.

Essas ideias, contudo, que já faziam parte da cultura ianque, foram a forma na qual o freudismo teve de se adequar. As psicologias americanas — empirismo e comportamentalismo — nada queriam saber da "outra cena". E o *establishment* exigiu que a prática analítica fosse um mecanismo de ajuste ao contexto social, na medida em que se considerava doença mental tudo o que não concordava ou não coincidia com ele.

Foi assim que a psicanálise — ou melhor, esse tipo de psicanálise — prosperou na América do Norte, sendo depois esse o modelo que tentaram disseminar pelo resto do mundo como único e verdadeiro.

No plano teórico, considerou-se a "primeira tópica" aposentada compulsoriamente pela segunda, e o ego foi privilegiado como o espaço psíquico em que o psicanalista operaria. Correlativa a essa mudança conceitual, coincidiu uma modificação na perspectiva da análise, já não em função de confrontar o sujeito com seu desejo e possibilitar sua libertação, senão domar seus conflitos através da sensatez e adaptá-lo harmonicamente ao meio ambiente.

Essa escola pós-freudiana americana tomou o nome de Psicologia do Ego e definiu a terapêutica como uma aliança entre o ego do analista e a parte sã — ou sem conflitos — do ego do analisando, em que a meta a ser atingida era a integração e o equilíbrio, tanto psíquicos quanto sociais.

Para fazer isso, não era mais necessário prestar atenção às manifestações do inconsciente; o acento ficou assim colocado nas funções de controle egoicas, e a perspectiva de cura foi postulada como uma identificação exitosa com o analista, modelo de pessoa sadia e exemplar.

Ao mesmo tempo, procurou-se encontrar a verdade do paciente além das palavras, dando-se importância à comunicação não verbal e às emoções e afetos, em detrimento das consequências da linguagem e seus efeitos.

Evidente que a técnica analítica sofreu também consideráveis alterações. A transferência passou a ser considerada a ferramenta onipresente da prática. Ao ser excluído o inconsciente da jogada, eliminou-se qualquer referência ao passado histórico do sujeito na análise; ao ser promovida a potência do ego, tudo foi situado no presente imediato, em relação à figura do analista na sessão. "Aqui e agora": a nova regra em vigor, para o que der e vier.

Não só: a respeito da pulsão, ou seja, no campo da sexualidade, o retrocesso foi marcante, ao ser negligenciada — ou melhor, esterilizada — a posição subversiva de Freud e ao retornar-se outra vez a uma posição biológica, ao se considerar que o ser humano, por definição, nasceria já sexuado e com seu futuro sexual traçado e definitivo, não se admitindo esquisitices.

Ao ser colocado um objetivo para a psicanálise, que seria assimilar os indivíduos ao meio, ideologizou-se seu fim, já que o sucesso dessa empresa consistiria em levar os analisandos a se adaptar a um figurino de pessoa adulta, bem-comportada, heterossexual e, de preferência, bem-sucedida na vida. Para isso, o analista, colocando-se como ideal, utilizaria como recurso a interpretação exaustiva da transferência, que — tomando como parâmetro o que acontece *hic et nunc* — modelaria o ego do analisando até fazê-lo coincidir com o que se espera dele.

Chegados a esse ponto, podemos entender o pessimismo de Freud a respeito do futuro do caráter inovador de seu pensamento. Bem sabia ele que qualquer doutrina original e revolucionária, depois de ser ferrenhamente contestada no início, vai aos poucos sendo integrada e aceita, até ser recoberta por noções e ideias anteriores que tudo fazem para neutralizá-la.

Dificilmente a psicanálise escaparia às imposições do *status quo*; as resistências levantadas contra ela eram proporcionais ao teor radical de seus questionamentos. Por isso, não sendo possível evitá-la, a estratégia foi fazer um pacto com ela, dar-lhe as boas-vindas e castrá-la.

Simultaneamente, do outro lado do Atlântico, uma outra leitura dos textos freudianos se impunha como orientação dominante, não sem antes criar muita controvérsia.

Tratava-se das ideias de Melanie Klein, que, como já mencionamos, a partir da polêmica com Anna Freud, acabou por afirmar-se em Londres como líder de uma nova tendência.

Foi a partir da publicação de seu livro *Psicanálise de crianças*, em 1932, marco representativo de um momento importante na elaboração de sua teoria, que se desencadeia o conflito com o conjunto do movimento psicanalítico, em especial com a Sociedade Britânica de Psicanálise, dando-se uma ruptura mais ou menos frontal dos analistas kleinianos com os defensores da formalidade analítica.

Até esse ponto, em 1932, as teses kleinianas estavam dispersas em numerosos artigos avulsos, e ainda era possível ignorá-las ou minimizar sua importância. Mas com este livro, que constitui a primeira síntese das ideias de Melanie Klein, bem como um balanço de sua prática, não houve mais escapatória: foi preciso tomar partido, reconhecer a base segura de conclusões extraídas de uma observação minuciosa, ou, então, entrar no clã dos oponentes, em nome da defesa de uma psicanálise rigorosamente fiel ao sentido dos textos canônicos.

Talvez Melanie Klein fosse hoje considerada mais uma dissidente se a proposta de exclusão dela da Sociedade Britânica, em 1945, tivesse sido aceita. Não foi, e a orientação kleiniana é hoje dominante nas sociedades filiadas à Internacional.

Outros exemplos não faltam, mas com o exposto basta para se compreender os motivos que levariam um grupo de analistas, a partir de 1950, a criar um movimento de volta a Freud, pois, junto com a proposta de retornar estava a denúncia de que existiam desvios.

Por "coincidência", novamente a pessoa de maior expressão, e seu incentivador, também seria o protagonista de mais um grande debate no seio da Sociedade Internacional, que só terminaria com sua expulsão, em 1963.

Porém, dessa vez, esta pessoa, Jacques Lacan, pretendia justamente representar a intransigência às deturpações da "verdadeira psicanálise".

Fica, com esses dados, colocada a pergunta do que seria a ortodoxia freudiana. Também cabe precisar, com mais detalhes, quais os elementos e as razões que guiariam Lacan em sua proposta de redescobrir a obra de Freud.

É o que passaremos a responder nos capítulos que se seguem.

ORTODOXIA *VERSUS* COISA FREUDIANA

Houve uma época em que só existia um analista na face da terra. Seu nome: Sigmund Freud — único exemplar da espécie, pela simples razão de ter sido ele o inventor da psicanálise e o primeiro a praticá-la.

Depois de alguns anos de solidão, outros interessaram-se por sua descoberta e, aos poucos, Freud viu como — a partir de seu exemplo — os psicanalistas começaram a se multiplicar e ocupar, com sua atividade, um lugar específico dentre as práticas sociais.

A psicanálise, por meio de seus seguidores e adeptos, foi se transformando num movimento. Vimos, nos capítulos anteriores, como passou por um estágio necessário de institucionalização, com características singulares nos diversos países onde se afirmara.

Muito bem: vejamos agora de que maneira operou-se a transmissão dos conceitos que originalmente Freud forjara. Ou, melhor ainda, coloquemos uma questão para ser pensada: que relação deveriam manter os analistas com a teoria e a prática que o primeiro deles — e autor da coisa toda — colocara na base desse novo exercício do espírito humano, de finalidade terapêutica e aspiração científica?

Uma primeira resposta apontaria à ortodoxia. Que significa isso? Num certo sentido, seria seguir à risca os ensinamentos daquele que, como mestre, teria revelado uma verdade imutável e definitiva. Ou seja, considerar o primeiro legado como um dogma, fixo, perfeito e incontestável. O que talvez fosse válido para as religiões, mas não para a psicanálise.

Freud não achava que todos os que a ela se dedicassem teriam de se adequar a uma tradição que — iniciada com ele — nunca poderia ser revista, nem sequer ampliada. Pelo contrário, assim como em suas primeiras obras a única referência teórica eram seus próprios textos, a partir da época em que outros psicanalistas começaram a produzir teoria, se dedicando a desenvolver aspectos não abordados por ele, Freud não deixou de citá-los ou incluir suas contribuições em seus escritos.

Obviamente, quando as ideias dos outros tinham que ver com as suas. Também aconteceu que alguns analistas escreveram coisas que — mesmo sob o rótulo de psicanálise — contestavam ou distorciam aquilo que Freud considerava os postulados básicos de sua teoria. Nesses casos, tampouco deixava de se referir a eles, mas para refutá-los e voltar a pôr o acento conceitual nos lugares certos.

Às vezes, tenta-se explicar essa atitude freudiana como intolerância, fruto de seu caráter talvez autoritário. Ou vendo-o como um autor zeloso, guardião da precisão de sua obra, fechado em relação a quem não concordasse com ele.

O problema, porém, ultrapassa as peculiaridades da maneira de ser de Freud para se potencializar na questão mais abrangente de qual deveria ser, de modo geral, a medida e o peso da tradição, seja na psicanálise ou em qualquer disciplina científica.

Porque, se tudo isso já acontecia com ele ainda vivo, muito mais acirrada ficaria essa discussão depois de sua morte, quando outras escolas ocuparam o cenário psicanalítico; escolas essas que receberiam o epíteto de pós-freudianas que, de direito, só o merecem num sentido cronológico e não por terem continuado ou superado a obra de Freud.

Como sempre, o certo poderia ser situado como o justo meio entre uma posição "ao pé da letra" e outra que aventurasse até a dizer coisas opostas às originais. Só que aqui não se trata de encontrar uma solução sensata, agradável a gregos e troianos. O que está em jogo, além de fidelidades ou distorções doutrinais é, estritamente falando, a consistência de tal discurso, ou seja, suas razões e fundamentos.

No plano das ideias, é preciso encontrar, na teoria psicanalítica, o eixo em torno do qual gira o conjunto das proposições em que se sustenta. Isto é, destacar os axiomas e postulados que constituem seu arcabouço conceitual. Uma leitura cronológica da obra freudiana não necessariamente evidenciaria as linhas mestras de seu pensamento. O que pode parecer curioso, se se pensa que a ordem de aparição dos conceitos teria sido linear. Entretanto, não foi assim. Os raciocínios de Freud vão e voltam, por vezes se contradizem, são acrescentados, simplificados depois, numa dialética constante em que desenvolvimentos posteriores não anulam os precedentes mas os englobam, porém, conservando-os.

Existe uma ordem de razões que organiza o sistema intelectual de Freud, e é só a partir delas a clínica analítica se mostra eficaz: Em primeiro lugar, o conceito central, aquilo sem o que nada que leve o nome de psicanálise pode sê-lo: o inconsciente. Simultaneamente, seu correlato no campo da prática: a transferência. Junto com eles, o pivô que articula a relação entre o psíquico e o somático: o conceito de pulsão.

Vamos definir rapidamente esses alicerces da psicanálise. O inconsciente — que qualificaremos de "freudiano", para diferenciá-lo das noções anteriores a Freud e das distorções posteriores — fez sua estreia como tese solidamente construída na *Interpretação dos sonhos*. Outros textos subsequentes, como a *Psicopatologia da vida cotidiana* e *O chiste e sua relação com o inconsciente*, lhe deram maior precisão, a partir dos exemplos concretos de suas manifestações, até chegar à *Metapsicologia*, em que seria definitivamente formulado.

Enunciado com um prefixo negativo — in — que o situa como um espaço, uma zona, um lugar além ou oposto à consciência, o inconsciente freudiano é a soma dos efeitos da linguagem num sujeito.

O termo "sujeito", no sentido em que o utilizamos aqui, difere do habitual. Não é sinônimo de pessoa ou indivíduo, e muito menos se confunde com a consciência. Para maior clareza, vejamos um exemplo: quando alguém, falando, pretende intencionalmente se expressar e se fazer entender e, de repente, em sua fala, tropeça com uma palavra, ou a troca por outra sem perceber, ou utiliza um termo que — por ter mais de um significado — produz no interlocutor uma impressão diferente da que tentara transmitir, temos aí o inconsciente em ação. Por que, quando irrompe um "lapso de língua" ou "ato falho", que ou quem foi que se manifestou, se a racionalidade do falante não se reconhece naquela palavra que, inesperada e inoportuna, acabou emergindo? Pelo fato de aparecer, revelou talvez um anseio que — mesmo não sendo aceito — indubitavelmente evidenciou, além da vontade manifesta, uma "outra intenção" funcionando e determinando o que foi dito.

Seria possível estabelecer, então, dois momentos, antes e depois do ato falho. Antes, o locutor expressava-se fluentemente, dono de si. Depois da palavra inesperada, quando foi dito algo diferente do que se pensava, podemos tirar duas conclusões: a primeira, que a intencionalidade foi superada pela palavra, e quem falou não fica indiferente perante esse fato. A segunda, que vamos chamar "sujeito" a essa capacidade da palavra que, ao dizer mais que o esperado, acabou revelando um desejo do qual não se tinha notícia anteriormente.

Não esqueçamos que isso tudo acontece dentro da dimensão do diálogo. E, nela, quem escuta determina a quem falou. Se alguém pensava estar dizendo uma coisa e suas palavras manifestaram outra, ficará sabendo o que foi que realmente disse a partir de como suas frases lhe são devolvidas. Numa sessão de análise, essa é a função do analista, escutar primeiro para colocar depois em destaque aquilo que — na fala — ultrapassou o controle do analisando. E essa operação, que tem por objetivo desvendar o que não é consciente, chama-se interpretação.

Sintetizando até aqui: o efeito da palavra no falante o constitui como sujeito do que foi dito, para além de sua expectativa, segundo recebeu o sentido do que falou a partir do escutado pelo outro. Do que resulta a possibilidade de completar a descrição do inconsciente freudiano que, funcionando através da linguagem, inclui o psicanalista como polo de atração do discurso.

A prática analítica baseia-se numa regra fundamental: corresponde ao analisando falar tudo aquilo que passa por sua cabeça, sem submeter a censura nenhuma. Essa "associação livre", paradoxalmente, não é tanto, já que em sua falação repetem-se palavras que têm que ver com sua história, sem que se percebam suas consequências. Palavras sobredeterminadas, em sua concatenação, por essa outra lógica imprevista ligada a sua verdade mais escondida.

Esquematicamente, o que se passa entre o analisando e o analista — a transferência — consiste nesse deslocamento do passado para o presente, porque na repetição veicula-se o desejo inconsciente, cuja elucidação constitui a mola mestra do tratamento.

Vejamos agora o outro conceito fundamental, a pulsão, característica exclusiva da sexualidade humana. Cedo, Freud a definira diferenciando-a do instinto. O instinto é um comportamento biologicamente delimitado, com elementos invariáveis. Portanto, no caso dos animais, sua manifestação não apresenta alterações: nos períodos de cio, macho e fêmea procuram-se mutuamente, com a finalidade de se relacionar por via genital, dando continuidade à espécie.

Já no caso dos seres humanos, o que é sexual não é fixo nem imutável. Não por nascer com corpo de homem ou de mulher se tem um futuro heterossexual garantido. O destino sexual de cada um dependerá das contingências próprias de sua vida e de sua estruturação inconsciente, o que é diferente para cada pessoa.

Freud colocou, em resumo, que —, assim como para o instinto existe um objeto único para sua satisfação, que é inato e não admite modificações —, para a pulsão seu objeto não está presente *a priori*, sendo decorrente do resultado da determinação individual. Isso leva a considerar a complexidade da existência humana, respeitando o específico e o singular de cada ser.

Dessa forma, o desejo deve ser incluído como a peça-chave que articula os conceitos de inconsciente, pulsão e transferência. Se as palavras tendem a dizer mais do que se pensa, se a sexualidade não está presa a esquemas fixos e sendo a transferência o registro em que se atualiza a repetição da história subjetiva, podemos ter uma ideia mínima do que seriam as premissas que dão conta da consistência da psicanálise.

Voltemos ao problema inicial: o que aconteceu com os analistas em relação a esses princípios? Até que ponto as psicanálises pós-freudianas levaram em consideração tudo isso que, em definitivo, por ter sido o modelo inicial e fundante, constitui o tronco do qual todo o resto são galhos e ramificações?

ROMA 53: LACAN FREUDIANO

Como nos filmes de aventuras, era preciso que aparecesse um herói que outra vez colocasse as coisas em seus devidos lugares e recuperasse a originalidade esquecida. Estamos agora no começo da década de 1950 e é tempo já de apresentar Jacques Lacan, principal responsável pelo retorno da psicanálise às fontes freudianas.

Lacan começara sua carreira na psiquiatria, tendo se dedicado, no início, ao estudo das manifestações clínicas da paranoia, o que foi tema de sua tese de doutorado. Entrou no campo da psicanálise em 1936, com a conceitualização de "estádio do espelho", a matriz constitutiva do ego. Coincidia com Freud — ainda vivo na época — a respeito da importância a ser atribuída ao ego da "segunda tópica": devia ser considerado mais como uma instância ilusória do que como centro da personalidade psíquica. Essa posição teórica inicial foi formalizada em 1949, momento em que Lacan, além de definir o registro do "imaginário" em relação direta com o que Freud chamava de narcisismo, começou a criticar a "psicologia do ego" e demonstrar sua inconsistência, o que de imediato o colocou no meio de uma exaltada controvérsia sobre os fundamentos da psicanálise.

Sua atuação institucional como psicanalista deu-se na Sociedade Psicanalítica de Paris, na qual chegou ao cargo de presidente. Em 1953, por causa da regulamentação da formação dos analistas naquela instituição, Lacan se demite e, com outros colegas, funda a Sociedade Francesa de Psicanálise.

No mesmo ano, a nova instituição realiza seu primeiro congresso em Roma, e a exposição de Lacan na ocasião passaria à história como o momento em que, oficialmente, se inicia o movimento de volta a Freud.

A importância desse "informe de Roma" — que, quando escrito, receberia o título de "Função e campo da palavra e da linguagem na psicanálise" — não é apenas circunstancial, mas eminentemente conceitual. Os argumentos com que Lacan contestava a situação da psicanálise da época e seus impasses tinham como objetivo o resgate do que seria próprio da prática e da teoria analítica, a partir de sua definição freudiana.

Qual seria o sentido do retorno a Freud? Nada mais nada menos que o retorno do sentido do que Freud chamou psicanálise. Ortodoxia? Até certo ponto. Porque não se tratava de repetir literalmente, senão de ser coerente com os princípios da experiência da análise.

Vejamos algumas das questões fundamentais apontadas por Lacan:

1) O inconsciente, tal como Freud o teorizara, e segundo os exemplos que colocara em seus textos, se revela como indissociável da linguagem, registro em que se manifesta. Suas formações — sejam lapsos, atos falhos, chistes, sonhos ou sintomas — indicam que sua especificidade deve ser buscada atendendo à função e ao campo da palavra no sujeito.

Por carecer de uma teoria da fala, Freud teve de lapidar suas próprias categorias para explicar o funcionamento do inconsciente, que em nenhum momento ou lugar de sua obra aparece formalizado exaustivamente. Embora seu contemporâneo, não chegou a tomar conhecimento do pensamento de Ferdinand de Saussure, desenvolvido nas primeiras duas décadas do século na Suíça, e que seria a base de uma nova disciplina chamada linguística: o estudo das línguas existentes, de suas estruturas e das leis que nelas se revelam.

Saussure definia o signo linguístico — a palavra — a partir de seus elementos constituintes: o significante, isto é, a imagem acústica ou materialidade fonemática, e o significado, ou o conceito a ser representado:

Entre ambos, uma barra que, mais que os separa, os relaciona; um círculo que exemplifica essa relação; e duas flechas de sentidos opostos, para indicar o trânsito unívoco entre as duas caras do signo.

Lacan se serviu dos recursos saussurianos para reler o conceito freudiano do inconsciente a partir da perspectiva da mensagem oral, propondo o seguinte algoritmo:

$$\frac{S}{s}$$

A razão da desaparição das flechas e do círculo se explica, na concepção lacaniana, porque o significante (indicado com maiúscula) tem proeminência sobre o significado (com minúscula). E a barra entre ambos é de recalque, mostrando a não adequação dos termos, senão sua oposição.

Aplicando esse esquema sobre um lapso ou chiste, perde-se a ilusão de que — entre a palavra que se diz e o significado que pareceria lhe corresponder — exista alguma acomodação: o significado não está representado no significante, pois o que se opera é a troca de um significante por outro, independentes do significado, produzindo assim novas acepções.

Partindo dessas proposições, Lacan redefiniu os mecanismos do inconsciente formulados por Freud, identificando-os com figuras retóricas.

A condensação, na medida em que se trata da substituição de um termo por outro, foi assimilada à metáfora, e o deslocamento

— a combinação de um termo com outro — foi equiparado à metonímia.

Paradoxalmente, a linguística, chamada para conseguir um nível superior de elaboração, serviu de ponto de partida mas acabou sendo superada. O significante lacaniano acaba tendo uma autonomia própria e específica na determinação dos efeitos de significação muito mais radical do que era para Saussure.

Levando em consideração o que se passa numa análise, foi possível chegar à conclusão de que o inconsciente tem uma sintaxe verbológica, sendo estruturado como uma linguagem.

2) Na situação analítica, não se trata de uma relação dual, ou de uma comunicação de ego a ego. Porque, mesmo sendo dois partícipes, a linguagem é o terceiro e fundamental elemento que tanto os constitui como sujeitos como organiza o vínculo entre ambos.

3) O analista está longe de ser um espelho para nele o analisando se refletir e melhorar sua imagem. Sua função dista muito de propor-se como um modelo de perfeição e ser imitado, nem de adaptar alguém.

4) Para isso, o analista não dirige o analisando, sua vida ou seu futuro. Dirige, sim, o tratamento, o que é bem diferente. Sua obrigação é levá-lo a um bom termo, possibilitando os desafios do desejo e deixando ao analisando a responsabilidade de se confrontar com sua verdade.

5) Em se tratando do desejo, na medida em que for explicitado, dará chance ao analisando de reconhecê-lo e se reconciliar com ele, ficando por sua conta e risco o sentido a ser dado, a partir de então, a seu destino.

6) Devolvendo à palavra sua merecida importância dentro da prática, Lacan destacou seu poder de evocação do passado, a ser procurado nas cadeias associativas que fazem, do presente, uma recriação atualizada do que já foi. Saindo assim das estreitas margens do "aqui e agora", trouxe de volta aquilo que em Freud

era fundamental: a ideia da sobredeterminação psíquica, a hipótese de que os efeitos sempre têm causas e que, por menos evidentes que sejam, é tarefa da análise mostrá-las em ação.

Naquela época, nos meios analíticos, contava-se a seguinte anedota: Freud teria sido um gigante, conseguindo enxergar até certo ponto os alcances de sua descoberta. Seus seguidores — como anões de pé em seus ombros — poderiam ver ainda mais longe. Essa analogia servia para justificar o descaso para com o colosso que havia na base. Só que também ilustrava, de maneira eloquente, o ananismo ao qual ele tinha sido reduzido em consequência disso.

Lacan sempre achou que Freud sabia muito bem o que fazia, e que era um erro grosseiro desconhecer sua obra e considerá-lo ultrapassado. Anos antes do informe de Roma, começara — com um grupo de seguidores — a ler seus escritos e refletir sobre as implicações de seu pensamento. Esse exercício de transmissão teórico recebeu o nome de seminário, outorgado pelos participantes, que, poucos no início, chegaram a ser numerosos com o passar do tempo.

Cada ano, Lacan tomava algum ponto específico da teoria para desenvolver e estudar. Assim, começou por uma leitura das cinco análises legadas à posteridade: os casos de Dora, do Homem dos Ratos, do Homem dos Lobos, do Presidente Schreber e do pequeno Hans.

A seguir, e simultaneamente, trabalhou textos completos, assim como conceitos avulsos, sempre dentro de uma determinada perspectiva de coerência e rigor. E mais de uma vez, tendo de traduzir diretamente do original alemão, "peneirou" e elucidou elementos que nunca antes tinham sido nem sequer cogitados pelos analistas pós-freudianos.

Esse cuidado de exegese rendeu todos os frutos esperados e muito mais. Uma nova geração de analistas formou-se na França à luz da recuperação da precisão da obra de Freud promovida por

Lacan. Muitos deles continuaram a seu lado, e mesmo os que se afastaram nunca deixaram de se referir a seu ensino.

Lacan, entretanto, também deu-se ao trabalho de ler outros autores e confrontou-os com as colocações do mestre vienense. A dimensão da crítica não esteve ausente de sua prédica, procurando sempre separar o trigo do joio. Por exemplo, leu Melanie Klein a partir de Freud, e não ao contrário, como era o costume corrente nas instituições psicanalíticas filiadas à Internacional. O resultado disso foi muito esclarecedor: mostrou como a teoria kleiniana estaria estruturada como uma réplica à freudiana. Nos dois sentidos da palavra "réplica": cópia do original, por um lado, e por outro, refutação.

Isto, porém, não foi tudo. Além de tomar Freud seriamente e pesquisar os pressupostos epistemológicos de sua teoria, acrescentou o concurso de outras ciências que podiam ser de utilidade no esclarecimento das razões de sua envergadura. Serviu-se da linguística, da lógica, da antropologia estrutural, da filosofia, da retórica e da literatura.

Na medida em que isso ia sendo feito, assim como a verdade freudiana ficava mais clara, o discurso lacaniano começou a adquirir características próprias, com novos conceitos cunhados para matemizar o saber.

Chegados neste ponto, depois de introduzir o personagem por seus feitos, é hora já de falar mais dele, não apenas de seus frutos, como também de suas raízes.

ATRAVÉS DO ESPELHO

LACAN SURREALISTA

Paris era uma festa. Depois das agruras da Primeira Grande Guerra, os bulevares recuperam a alegria de viver, e a cidade-luz volta a refulgir como antes. Como sempre e como nunca, o século XIX, definitivamente enterrado nas trincheiras, cede lugar a uma nova realidade, e esta, a uma nova mentalidade. A destruição dos seres e do mundo levou à descrença do estável e do permanente. A angústia e o desequilíbrio que sucederam as batalhas traduziram-se na procura de uma fórmula de vida diferente e revolucionária, na medida em que os antigos valores não serviam mais para dar sentido à existência.

Foi então que alguns "iluminados" começaram a minar os esclerosados baluartes da sociedade tradicional, escandalizando a opinião pública, a moral e os bons costumes. Eram os dadaístas, que — não contentes em abolir toda e qualquer distinção entre o que devia ou não se fazer e/ou dizer — dedicavam-se a "realizar sempre, da maneira mais exata possível, o que passasse pela cabeça, a fim de manter o espírito numa agitação original", como diziam em suas publicações.

O movimento Dadá nasceu em Zurique, precisamente num café de intelectuais, o Cabaret Voltaire, quando seu criador, Tristan Tzara, batizou com essa palavra — que não quer dizer nada — as manifestações delirantes dele e de seus seguidores. Pretendiam acabar com o bom senso e o conformismo imperantes, subvertendo éticas e estéticas bem-comportadas.

Em seguida, o dadaísmo deslocou-se para a França, onde, depois de ruidosas manifestações e excentricidades, acabou se autodestruindo como movimento. De suas cinzas niilistas surgiu o surrealismo.

André Breton, seu ideólogo-mor, propunha como prática a busca metódica do suprarreal e das maravilhas cotidianas, para além das mediocridades do dia a dia. Não estava só; um numeroso grupo de artistas e escritores tentava, junto com ele, a superação das "condições irrisórias da residência neste mundo". Expôs as bases filosóficas e pragmáticas da atitude surrealista em dois manifestos, difundidos em 1924 e 1929.

Leitor entusiasta de Freud, Breton situava o inconsciente — no plano da atividade artística — como sendo a verdade última do sopro criador do espírito, liberado dos grilhões da razão. A escrita automática, que ele e outros exercitavam, era definida como a aplicação da regra de associação livre da psicanálise no âmbito da literatura. Chegou a ter contato pessoal com Freud, a quem muito admirava e idealizara, se bem que a recíproca acabou não sendo verdadeira, pois o idoso mestre preferiu tomar distância do surrealismo, ao reforçar as fronteiras que, para ele, separavam os campos do saber e da arte.

Breton, entretanto, considerava os sonhos como arautos de uma realidade transcendente à consciência e, se não obteve a adesão de Freud ao movimento, nem por isso renegou sua fé na "outra cena".

No começo da década de 1930, um caso de polícia tomou conta do interesse dos cidadãos bem-pensantes e melhor intencionados. Uma moça, de origem burguesa, tinha assassinado o pai, a quem acusava de a ter violentado. Seu nome: Violette Noziéres. Os surrealistas tomaram o partido de sua defesa, e Breton dedicou-lhe um poema. Deste, a frase-chave: "... O senhor Noziéres... havia escolhido para sua filha um nome em cuja primeira parte pode-se deduzir psicanaliticamente seu programa..." (*Violer*, em francês, quer dizer violar; *viol*, violação).

Loucura, psicanálise, homicídio, superdeterminação das palavras... Um outro médico — Breton também o era — também se interessava na época pelos mesmos temas. Seu nome: Jacques Lacan. Jovem psiquiatra que, em sua tese de doutorado sobre a paranoia, descrevera o caso de uma outra mulher compelida ao crime por motivos inconscientes.

Inquieto, Lacan aproximou-se dos surrealistas, partilhando com eles de noites de vinho e prosa e chegando a publicar alguns trabalhos numa das revistas do grupo, *Minotaure*. Dois deles: "O crime das irmãs Papin" — outra vez, o tema do homicídio como ato aparentemente insensato, porém determinado psiquicamente — e "Problemas de estilo", em que o tema da paranoia dava lugar a uma reflexão sobre a produção literária.

A curiosidade foi mútua, pois os surrealistas se interessaram — e muito — pelas ideias de Lacan. Especialmente Salvador Dali, que depois de ler a tese acreditou ter encontrado a base teórica para sua maneira particular de ver a realidade e produzir arte.

Lacan dizia que o mundo mental dos seres humanos se estrutura segundo um conhecimento tipicamente paranoico. A explicação era que a subjetividade de cada um surge alienada numa dialética com o outro, o semelhante, que o condiciona e o afasta de si próprio.

Para Dali, resultava disso o mecanismo paranoico como a força e o poder ativo que dá sustentação ao fenômeno da personalidade. O delírio, longe de ser um elemento passivo, constitui por si mesmo uma forma de interpretação da realidade, eminentemente surrealista. Postulou assim o método paranoico-crítico, que definiu como "uma atividade espontânea de conhecimento irracional, baseado na associação crítico-interpretativa dos fenômenos delirantes".

A imaginação no poder? Quem era esse médico, cujos trabalhos sobre a loucura serviam de justificativa para as divagações dos surrealistas, "loucos integrais", na opinião de Freud?

Tratava-se de Jacques-Marie Lacan, nascido em Paris em 1901, no berço ilustre de uma família de origem italiana da grande burguesia, tradicionalmente católica. Seu irmão mais velho era monge beneditino, e ele cursara os estudos secundários num estabelecimento religioso, o colégio Stanislas. Mais tarde, formou-se em medicina, com especialização em psiquiatria sob a tutela do dr. G. de Clérambault. Participante do grupo "Évolution Psiquiatrique", que introduziu a psicanálise na França, chegou a traduzir Freud para o francês (*Alguns mecanismos neuróticos nos ciúmes, na paranoia e na homossexualidade*). Dotado de uma vasta e preciosa cultura, era apreciador das artes plásticas e leitor entusiasta. Sua produção escrita começara cedo, aos 27 anos, elaborando, em parceria com outros médicos, alguns trabalhos científicos e clínicos.

Mas também, de modo multifacetado, era interessado em outras questões mundanas; e poeta nas horas livres. Eis aqui um poema "perpetrado" em 1929 e publicado nos *Cahiers d'art* em 1933.

>HIATUS IRRATIONALIS
>Coisas, que corram em vós o suor ou a seiva,
>Formas, que nascidas sejam da forja ou do sangue,
>Vossa torrente não é mais densa que meu sonho;
>E, se não os oprimo com um desejo incessante,
>Atravesso vossa água, desabo na areia,
>onde me atrai o peso do meu demônio pensante.
>Só, ele bate no duro chão onde o ser se eleva,
>Ao mal cego e surdo, ao deus privado de sentido.
>Mas, assim que perece todo verbo na minha garganta,
>Coisas, que nascidas sejam do sangue ou da forja,
>Natureza, eu me perco no fluxo de um elemento:
>Este que aninha em mim, o mesmo vos subleva,
>Formas, que corram em vós o suor ou a seiva,
>é o fogo que me faz vosso imortal amante.

Como homem de letras, Lacan destacou-se sempre por seu estilo preciosista e não linear, presente já nos primórdios de sua obra. Um jeito próprio e inconfundível, que mais de uma vez seria comparado ao de Góngora, por ser complexo e aparentemente obscuro. Entretanto, nunca fez concessões no intuito de facilitar ao leitor a aproximação a seus escritos. Por que deveria fazê-lo, justamente ele, para quem o arroubo estilístico, como manifestação subjetiva — tema de suas primeiras reflexões —, revestia-se da maior importância? Como forma e conteúdo não independem quando se trata de inconsciente, Lacan acabou fazendo de seu estilo a condição de sua teoria, evitando assim que seu pensamento pudesse ser reduzido ou banalizado. Maneirista? Barroco? Sim, tudo isso e muito mais: desenvolveu uma oratória que foi, simultaneamente, prática de ensino e exercício retórico, produção científica e interlúdio criativo.

Personagem singular. Psiquiatra ou surrealista? Talvez as duas coisas ou, numa síntese mais exata, psicanalista...

Por volta de 1936, sua vocação estava definida. Aos poucos foi se afastando do racionalismo psiquiátrico para adentrar definitivamente na psicanálise. E o surrealismo não foi alheio a essa passagem, que pode ser situada, naquele ano, com a apresentação — no Congresso de Psicanálise de Marienbad — de "O estádio do espelho".

O espelho, objeto surrealista por excelência! Como Lewis Carroll antes, como Borges depois, Lacan o enfrentou curioso. Mas não ficou preso em sua ilusão ao contrário, decifrou seus enigmas. A ele chegara, através da poesia, conduzido por Louis Aragon, poeta e militante. E pela via da clínica, logo após estudar as manifestações da paranoia: narcisismo, megalomania, delírio de grandeza, autorreferência, e o sugestivo vínculo que se estabelece entre aquele que se sente perseguido e aquele a quem o primeiro considera o perseguidor. Muitas vezes, a relação entre ambos é de puro fascínio, mistura de ódio e também de amor, ao ponto de um não existir sem o outro.

Questões que já tinham sido abordadas pela literatura do século XIX, em algumas obras de Stevenson, Dostoievski, Maupassant, Hoffmann, e outros que escreveram sobre o tema do "duplo", ou "alter ego".

"Seria bom que o espelho fosse um pouco mais reflexivo antes de nos devolver nossa própria imagem", suspirava, entretanto, Lacan, citando Cocteau.

Não se iludia, contudo, com miragens. Procurava, além das aparências, um raciocínio coerente que explicasse os fenômenos imaginários. O inconsciente freudiano era o modelo, acrescido de novas elucubrações; junto com a sistematização dos efeitos, e consequências da função da linguagem no homem, também a lógica estava na ordem do dia.

Em 1945, Lacan foi convidado para uma das reuniões periódicas do Colégio de Patafísica, estapafúrdia instituição destinada a desenvolver as não menos insólitas ideias de Alfred Jarry, bizarro personagem do começo do século, autor da peça *Ubu rei*, e avô do surrealismo. Na ocasião, apresenta um engenhoso sofisma que deixa os patafísicos — certamente, pessoas pouco convencionais — embasbacados. Os não incautos erram, Lacan se regozija, e no mesmo ano publica um texto em que formaliza as conclusões lógicas da adivinhação, intitulado *O tempo lógico e a asserção da certeza antecipada*. Data da mesma época e se refere à mesma preocupação um artigo sobre *O número treze e a forma lógica da suspeita*.

Assim era o Lacan daqueles tempos. Um profissional da saúde mental que não se privava da companhia de loucos e sãos, de poetas, pintores e pirados. Como dizia seu amigo Breton: "Não será o medo à loucura que nos obrigará a arriar a bandeira da imaginação...".

Outros amigos também procuravam Lacan, quando necessário. Ele tratou, por exemplo, da pintora Dora Maar, uma das mulheres de Picasso, quando ela apresentou um surto psicótico. Todavia, Picasso, que gostava de chamar as pessoas para fazer coisas que não fossem sua especialidade, consultava Lacan para casos de medicina geral. Quando outra de suas mulheres, Françoise Gilot, ficou grávida, não foi outro senão ele o solicitado para cuidar da gestante.

Georges Bataille, filósofo e livre-pensador, era outro grande amigo. No prólogo de seu livro, *O erotismo*, agradece a Lacan por ter sido seu interlocutor na elaboração da obra. As influências parecem ter sido recíprocas, pois na teoria lacaniana encontram-se presentes as articulações de Bataille sobre o erotismo, o desejo, o gozo e a morte, sem, porém, o reconhecimento da citação. Lacan herdeiro de Bataille? Até certo ponto: quando este último morreu, sua viúva — heroína do filme *La partie de campagne*, de Jean Renoir — casou-se de novo... com Lacan!

Se bem que, anos mais tarde, Lacan não admitisse que seu passado surrealista tivesse influenciado sua produção ulterior, como desestimar nesta obra a continuação de certos temas surrealistas, só que tratados cientificamente?

Senão, vejamos; os surrealistas, principalmente Breton, preocuparam-se com a questão do enigma da mulher e do eterno feminino. Lacan, para quem as mulheres também sempre foram ponto de reflexão e interrogação, no seminário XX, de 1972, mostra como — levando à risca e até as últimas consequências o que a psicanálise pensa a respeito — é impossível falar da existência da mulher. Bem entendido: não que as mulheres inexistam, mas que — como paradigma singular, quase arquetípico — sua unicidade não pode ser postulada seriamente com as fórmulas psicanalíticas que dão conta da sexuação dos seres. Isso se escreve, em "lacanês": "$\cancel{A}$ mulher não existe" (barrando o artigo definido, denotador de completude). Desse axioma radical do lacanismo, cujo desenvolvimento excede os limites deste trabalho, podemos apenas citar a conclusão: existe uma mulher, e outra, e outra etc., existem as mulheres. Porém o eterno feminino — como universalidade — não passa de uma ilusão ideológica. Assim, sobre o arquétipo feminino, a refutação de Lacan se fez esperar por várias décadas, mas acabou chegando.

Sade, o escritor maldito, o filósofo da perversão, foi posto na moda pelos surrealistas, fascinados por sua postura herética e transgressora. Lacan lhe dedicou um texto, em 1960, em que mostrou as molas éticas de seu inconsciente e, de quebra, estabeleceu um paralelo entre o "Divino Marquês" e... Kant!

Só isso? Não; mais, ainda... Na teorização sobre o desejo, Lacan pontificava sobre o fato de seu objeto não se achar ao final de um trajeto, como meta a ser alcançada. Antes disso, encontrar-se-ia no começo do percurso. Como nos filmes de Buñuel, o "obscuro objeto" é a causa disparadora do desejo, e não a finalidade a ser atingida.

Para demonstrar isso, Lacan valia-se de sofisticados esquemas de sua autoria, de um rigoroso funcionamento lógico-formal. Porém, chegado o momento de dar exemplos, referia-se às obras de Marcel Duchamp, o genial inventor dos *ready-made* — objetos pré-fabricados tirados de seu contexto cotidiano e elevados à categoria de obra de arte, para suscitar assim a atenção das pessoas.

Uma última referência: num dos seminários, Lacan relatava que, pouco depois de ter escrito "A instância da letra no inconsciente, ou a razão depois de Freud", um de seus textos capitais, mostrou-o a Tristan Tzara, seu vizinho na época. Tzara não ficou nem triste nem contente, nem indiferente nem entusiasmado. Por quê?

Segundo Lacan comentaria, anos depois, os surrealistas, como poetas, não sabiam muito bem o que faziam. Ele, por meio da psicanálise, podia ir além das fronteiras da razão sistematicamente, e essa era sua vantagem.

LACAN CRIMINALISTA

Novamente Paris. Num incerto ano da década de 1930, o mês de abril anunciava o fim do inverno. Havia anoitecido quando uma conhecida atriz, cujo nome deve permanecer no anonimato, se dirigiu para a entrada do teatro reservada aos artistas. Surgida inesperadamente das sombras, uma mulher a interpelou, perguntando-lhe se era mesmo a senhora Z. O aspecto de quem fazia a pergunta era o de uma pessoa bem vestida, e até elegante; a maneira de falar revelava a adequação com que foi educada. Z, habituada às manifestações do público, limitou-se a responder de maneira afirmativa, e, como devia iniciar o trabalho daquela noite, fez menção de continuar seu caminho. De repente, porém, a desconhecida, mudando de expressão, tirou da bolsa uma navalha com a lâmina aberta e, enquanto a fitava com olhos cheios de ódio, investiu contra ela. A senhora Z, na tentativa desesperada de deter o golpe, segurou a lâmina com a palma da mão, evitando assim um ferimento fatal, mas não um corte profundo nos tendões dos dedos. A essa altura as pessoas que assistiam à cena intervieram, dominando a autora do ataque.

Que razões teriam levado fulana a atentar contra a vida da senhora Z? Um caso passional? Vingança? Nenhum motivo parecia plausível, visto que a atriz nem mesmo conhecia a agressora.

A polícia prendeu aquela mulher de origem burguesa, com 38 anos e empregada numa ferrovia. Ela se justificou dizendo que fazia muitos anos que a atriz a escandalizava, provocava-a e até a ameaçava. Acusou também uma outra pessoa, um destacado escritor, que, num complô contra ela, estaria revelando suas intimidades nos livros que escrevia.

O comissário, diante dessas declarações, suspeitou de que se achava diante de um caso de loucura. Por via das dúvidas, manteve-a presa enquanto se realizavam as investigações.

Os autos do processo apontariam a incompreensibilidade do ato criminoso. O impulso irresistível, o caráter de execução forçada, sem nenhum tipo de benefício, ressaltava a irracionalidade daquela atitude. Enfim, de forma decisiva, os autos registravam que, seis anos antes do acontecido, a mulher estivera internada num hospital psiquiátrico.

Por isso, da prisão ela foi transferida para o asilo de Ste. Anne.

Certamente, o caso teria passado despercebido não fosse a reputação da senhora Z. No entanto, mal sabia sua atacante que a fama também a perseguia, vindo a transformá-la na principal protagonista de um livro que — este sim — revelaria passagens de sua vida privada.

Em Ste. Anne, seu destino juntou-se ao de um psiquiatra iniciante, de aproximadamente 30 anos, que um dia também viria a se tornar famoso: Lacan.

O interesse dele por esses casos surgira a partir de sua estada na enfermaria especial, adscrita à polícia, sob a responsabilidade de Gaetan de Clérambault, a quem, aliás, reconhecia como seu único mestre em psiquiatria.

O jovem Lacan observou essa mulher por um ano e meio, passando carinhosamente a chamá-la de Aimée (Amada). Ela seria o paradigma de uma coleção de mais de quarenta observações que resultariam numa tese de Medicina intitulada *Da psicose paranoica em suas relações com a personalidade*, na qual este último termo designava tecnicamente o conjunto de reações funcionais especializadas que constituem a originalidade do animal-homem, no que se adapta a seu meio vital, a sociedade.

Em sua obra, Lacan afirmava que a psicose paranoica, tal como era entendida na literatura especializada da época, não podia ser concebida de outra maneira do que como um modo reativo da personalidade, frente a certas situações de ruptura, às quais denominou "momentos fecundos".

Da análise dos casos estudados, terminaria por concluir postulando a possibilidade de delimitar um tipo específico de psicose que, ao mesmo tempo que dá provas de sua autenticidade paranoica, revela-se em vários pontos diferente da descrição corrente nos manuais de psiquiatria. Lacan chamou de Paranoia de Autocastigo a esse tipo clínico, porque, segundo mostrava, trata-se de uma pulsão autopunitiva, que domina sua etiologia, início, estrutura e, também, cura.

Foi assim que Aimée tornou-se conhecida como a observação que constitui o eixo da tese de Lacan. Sua história guarda o valor de caso *princeps* de uma forma particular de doença mental.

No entanto, esse psiquiatra, ao tentar renovar o saber sobre a paranoia dentro do âmbito hospitalar, parece que tocou em algum botão secreto de alguma porta escondida que o fez cair num abismo infindável de perguntas sempre abertas.

Porque o crime, essa saída do social, é um enigma que interroga à própria razão que ordena o dito social. Sendo mais detetive do que médico, o que Lacan procurava eram pistas que desvendassem o mistério do ser humano.

Assim como a histeria conduziu Freud a procurar resposta a esse enigma na tragédia de Édipo, a paranoia confrontou Lacan com a mesma charada, a partir de outra perspectiva.

Lacan seguiu essas pistas durante toda vida, o que logo o faria mudar sua lente de detetive, trocando a psiquiatria pela psicanálise, pois, se num primeiro momento, sua preocupação com o crime apontava unicamente para o convívio do homem com o castigo, mais tarde apontaria para o vínculo do homem com a Lei.

Percurso efetuado não sem acasos, pois quem poderia prever um tão bárbaro acontecimento como o que abalaria a opinião pública francesa no ano seguinte ao do aparecimento de sua tese? E que o obrigaria a refletir mais uma vez sobre os motivos do crime paranoico, antecipando os elementos com os quais faria sua investigação inaugural no campo analítico, anos mais tarde, com "O estádio do espelho"?

Vejamos: eram duas irmãs, de 28 e 21 anos respectivamente, que trabalhavam como empregadas domésticas para um advogado, sua mulher e uma filha, numa pequena cidade do interior. Nada havia nelas que pudesse levantar suspeitas sobre o que viria a acontecer, a não ser uma certa indiferença, facilmente interpretada como uma reação à falta de simpatia e humanidade dos patrões. Porque, numa muda animosidade, quase não havia convivência entre empregados e empregadores.

Certa noite, faltou luz por culpa das irmãs. As patroas já tinham mostrado, por causa de acidentes ainda menores, lances de cólera. Que diriam mãe e filha ao voltarem para casa? As respostas das irmãs variavam nesse ponto. Em todo caso, o drama aconteceu muito rapidamente e sob a forma de ataque. Fica difícil admitir outra versão além da que elas deram: algo repentino e simultâneo...

Cada uma se apoderou de uma adversária, arrancando-lhe os olhos das órbitas e matando-a a seguir. Então, com a ajuda do que estava perto — um martelo, um jarro de estanho e um facão de cozinha — jogaram-se sobre os cadáveres, amassaram-lhe os rostos e, expondo-lhes o sexo, apunhalaram os músculos e as nádegas para empapar com o sangue de uma as nádegas da outra. Feito isso, lavaram os instrumentos do rito atroz e, deitando-se na cama, esvaziaram-se da emoção provocada pela orgia sinistra.

Presas, Cristine e Lea Papin não deram nenhuma explicação compreensível para o ato. Diante dos médicos que as examinaram, não apresentaram sinais de delírio nem de qualquer transtorno psíquico. No entanto, passados apenas cinco meses de prisão, Cristine, separada da irmã, passou a ter alucinações e a ficar agitada.

Oito meses mais tarde foram condenadas à morte; porém, diante das características do crime e dos transtornos de Cristine no cárcere, a maioria dos psiquiatras que acompanhava o caso convenceu-se da irresponsabilidade das assassinas, comutando-se a pena.

Foi na revista *Minotaure*, de dezembro de 1933, que Lacan publicou o texto ao qual chamou de: "Motivos do crime paranoico: o crime das irmãs Papin", onde, indo um pouco além dos pontos de vista de sua tese, sugeriu as motivações daquele fato hediondo.

O que Lacan compreendeu foi que a causa do delírio de Cristine se encontrava na separação de sua irmã, assim como a inseparabilidade das duas estava na origem do crime que haviam cometido.

Eram as mesmas pistas que o detetive Lacan seguia desde Aimée, após ter percebido que a paranoia das mulheres, mais que a dos homens, é um ato de amor abortado.

As irmãs Papin, ao destroçarem os cadáveres do par que apenas refletia sua própria duplicidade, destroçaram-se a si mesmas.

Almas siamesas, as irmãs acreditavam ter sido, em outra existência, marido e mulher. Portanto, inseparáveis a ponto de verem em outro casal de mulheres — mãe e filha — uma forma hostil, que ameaçava seu pequeno e fechado universo de sossego.

Na noite fatídica, com a ansiedade do castigo iminente, as irmãs misturaram as imagens de suas vítimas com o espelhismo de seu próprio mal.

Era a sua própria miséria o que elas detestavam na outra dupla. Identicamente, também Aimée se prendia aos objetos iguais a si mesma, primeiro a mãe, depois uma tal de senhorita N, finalmente a irmã. Tinha sido, então, que deixara o lar, já delirando, para se aproximar dos seres de luxo que estariam na base da conspiração contra ela. Foi assim que — numa sequência de mulheres — atacou a senhora Z, para nela matar todas as outras, e com isso se curar, pois, ao se tornar criminosa, pagava um crime anterior, que teria sido amar outras mulheres.

Aimée agrediu não a atriz, mas sua fama, justamente por que esta representava o ideal impossível de si mesma.

Levando as coisas até esse ponto, a psiquiatria resultou insuficiente para Lacan. Depois de tomar contato com a obra de Freud, os desígnios do gesto criminal foram procurados em outro lugar: no conluio do sujeito com o proibido, e com a lei que o define como tal.

Pois as causas do crime, ainda que paranoico, não tinham explicação convincente no discurso médico-jurídico. Mais tarde, ao falar de seus antecedentes, Lacan conta que o caminho que o aproximou de Freud se deu pelo estudo da "passagem ao ato", e da noção de autocastigo que lhe era oferecida pela criminologia berlinense de orientação analítica, através dos trabalhos de Alexandre e Staub.

Porque, em definitivo, o introdutor de uma característica da autopunição no quadro da paranoia estava inquirindo sobre a relação do sujeito com essa lei interiorizada, que, na psicanálise, recebe a alcunha de superego.

Questão levantada por Freud, que, mesmo não sendo criminalista, também tinha muito de detetive. Foi na tentativa de estabelecer a origem da lei e sua solidariedade com o proibido que fez essa grande reportagem sobre o primeiro homicídio da história, relatada no livro *Totem e tabu*, de 1913.

Também aí se tratava de um assassinato, sem que se saiba ao certo quando aconteceu, nem mesmo onde... se é que ocorreu. Embora, pelas suas consequências, é como se tivesse havido.

Os componentes de um bando ainda sem regras, o que os tornava semelhantes aos animais, cansados de serem humilhados por um chefe poderoso e hostil, que reservava para si aquilo que desejasse, sobretudo as mulheres — e quiçá mesmo por causa delas —, revoltaram-se.

Talvez tenha sido com o mesmo furor das irmãs Papin que mataram o pai primitivo dessa família ancestral. Quem sabe, até pior, pois as crônicas contam que o comeram, num ritual canibalístico, cuja sequela foi a eterna permanência desse pai dentro deles.

Esse conto de horror teria se dissolvido na memória de seus descendentes caso não estivesse aí a raiz mítica dos mecanismos simbólicos que surgiram para regular esse massacre.

Foi aí que o detetive Freud encontrou o princípio da Lei Universal; foi aí também que apareceu a necessidade do interdito, sob a forma de regras que vão pautar o intercâmbio das mulheres, no que conhecemos hoje como estruturas de parentesco. Assim, a violência e a lei fizeram surgir o Humano que, ao sujeitar-se a essa ordem simbólica, além de suas exigências naturais, tornou-se diferente dos outros animais: para sempre prenhe de uma culpa trágica, herança do ato primordial, do pecado original, fonte do mal-estar que marca nossa civilização.

Se a busca da compreensão do traço paranoico levou ao entendimento dos mecanismos de autopunição, e esta à submissão retroativa do sujeito à lei interna, a busca da mesma no plano trans-histórico leva à ficção da carnificina primordial: o parricídio.

Logo, na história de cada uma das personagens dos crimes estudados por Lacan, no despertar da culpa que motiva a causa de seus atos, estaria a sombra desse mito, reatualizado na versão moderna da horda primitiva, a família.

Em 1938, numa publicação sobre o tema, inclusa na *Enciclopédia Francesa*, define a família como um grupo "natural" de indivíduos unidos num duplo liame biológico-social. Por um lado, a geração de seus componentes; por outro, a regulamentação das condições que permitem o desenvolvimento dos jovens, acentuando o poder do complexo como determinador da psicologia de seus membros.

Na estrutura isolada por Freud com o nome de Complexo de Édipo, em que o mito se torna presente em cada sujeito, se estabelece para cada um a equalização de seu desejo com a lei de todos.

Não tardaria muito para Lacan enxergar, na instituição familiar, uma ordenação reguladora de lugares e ações, decorrentes das atribuições inerentes a esses mesmos lugares, cuja existência independeria dos personagens que os ocupassem. Portanto, a sujeição à lei se estabelece dentro do organograma edipiano, em que a função paterna — que mais tarde Lacan chamaria de Nome-do-Pai — é a condição que representa essa lei. Sua ação se dá no íntimo do drama psíquico de cada sujeito.

Mas, se todos passam pelo Édipo, nem todos os criminosos são paranoicos. O que se pode dizer então da patologia do fato assassino? Apenas um psicanalista pode responder, pois todo delito tem duas faces: a verdade de seu lado policial e a de seu lado humano.

Em 1950, após um longo intervalo, Lacan voltaria formalmente ao tema, assumindo em definitivo uma postura analítica, a partir de uma comunicação que fez à XII Conferência de Psicanálise de Língua Francesa, com o título de "Introdução teórica às funções da psicanálise na criminologia".

Mais uma vez, Aimée e as irmãs Papin foram evocadas como testemunho desse extremo da conduta humana, colocando-se em pauta o limite da articulação entre o crime e seu castigo.

A psicanálise, pelas instâncias que distingue no indivíduo moderno, pode esclarecer as vacilações da noção de responsabilidade, embora possa fazê-lo apenas naquelas figuras espúrias em que a estrutura psicopatológica radica não na situação transgressiva propriamente dita, mas no modo irreal com que esta se expressa, pois o que distingue sua morbidez é o caráter simbólico.

A efetivação de uma punição faz o réu pagar também por outros deslizes, através da exigência incansável da instância que se personifica na voz da consciência moral, pela boca voraz do superego.

Indagando a paranoia, Lacan foi uma vez criminalista. O enigma da culpabilidade conduziu-o à psicanálise. E também ao pai, fundador da lei, criadora do castigo...

Perseguidos e perseguidores, histórias e detetives e temas afins... que lucidez possuía o jovem Lacan para ser levado, tão cedo, para perto do nó essencial da condição humana?

Até que ponto as ideias trabalhosamente desenvolvidas nos cinquenta anos que se seguiram a sua tese não estavam ali anunciadas desde o princípio?

O próprio Lacan nos previne contra tal conclusão, sugerindo que nos contentemos com o fato de que suas primeiras intuições não tenham fechado o caminho para o que veio depois. Entretanto, o que define como tendo sido seu acerto resume-se a não confiar em outra coisa além do inconsciente do sujeito, única fonte da verdade no trabalho analítico... ainda que se encontre essa dimensão pelo viés da morte, na passagem do ato que inferniza o sujeito.

VÍTIMA, NÃO MÁRTIR

Formado em Medicina, em pouco tempo Lacan se decidira pela psiquiatria e, em 1932, com apenas 31 anos, já agitava o meio intelectual francês com sua tese sobre a paranoia.

Nesse percurso, aproximou-se rapidamente da psicanálise e, em 1934, após haver-se analisado com R. Loewenstein, ingressou na Sociedade de Psicanálise de Paris (SPP).

Reafirmando a inteligência e a precocidade que demonstrara por ocasião de sua dissertação, passados apenas dois anos de sua vinculação à instituição apresentou no congresso da International Psyichanalytical Association (IPA), reunido em Marienbad, a primeira versão do que seria sua teorização de "O estádio do espelho", de importância capital para todos seus desenvolvimentos posteriores.

Durante os difíceis anos bélicos que se seguiram, poucas notícias se ouviram de Lacan. E somente alguns textos, como um publicado em 1945, sobre o tempo lógico, mostravam que ele não estava inativo.

O ressurgimento do interesse pela psicanálise na França, após a guerra, encontrou Lacan solidamente instalado como membro influente da SPP.

Um dos aspectos mais trágicos, longo e mesmo cômico das múltiplas faces de Lacan se iniciaria naquela época.

Mais tarde, algumas pessoas, em razão dos acontecimentos que iremos relatar, o considerariam como um mártir da causa analítica. De nosso lado, porém, defenderemos a ideia de que talvez ele tenha sido apenas vítima. Vítima de seu próprio rigor na fidelidade à ascese freudiana...

Tudo começou em 1952, quando, para fazer frente à crescente demanda de filiação, um respeitado membro da SPP, Sacha Nacht, propôs a criação de um Instituto Didático de Psicanálise separado daquela instituição.

Os critérios organizativos desse instituto, no entanto, provocaram discórdias, tanto entre os alunos quanto entre os analistas.

Havia sérias divergências quanto ao modo como se conduziria a formação do analista, o que, na verdade, refletia o desacordo em relação ao próprio conceito de psicanálise. Natch representava o grupo que lutava para o reconhecimento da análise como especialidade médica, dirigindo a investigação dela para os aspectos neurobiológicos. Opondo-se a isso, Lacan destacava a vertente da palavra como único meio de ação do analista, desvinculando sua especificidade do saber médico e recorrendo às outras disciplinas do conhecimento humano para precisá-la.

Um dos aspectos em que o conflito se tomava mais intenso, em decorrência do ponto de vista dos partidários de Nacht, era a revogação de um item do estatuto anterior, que previa que os aspirantes a analistas sem carreira médica poderiam receber ensino teórico e teriam plenos direitos de praticar a psicanálise.

Tentou-se solucionar a questão oferecendo a direção do Instituto a Lacan. O impasse, porém, continuou. O jogo político dos figurões envolvidos na situação terminou por invertê-la, e Nacht foi colocado à frente do Instituto, ao mesmo tempo que Lacan era eleito presidente da SPP.

De fato, tal posicionamento dividia a SPP em duas facções: a dos partidários de Lacan, por um lado, e a dos de Nacht, por outro. No desenvolvimento da querela, Lacan foi acusado pelos opositores de incitar os alunos do Instituto à rebelião, aumentando ainda mais o mal-estar existente. Logo começaram os ataques a sua pessoa e a sua prática, colocando-se suas famosas sessões curtas no centro das acusações.

Lacan renunciou à presidência da SSP. O vice-presidente, Daniel Lagache, recusou-se a assumir o cargo, renunciando também. Lagache, Françoise Dolto e J. Faurez-Boutonnier, após romperem com a SPP, anunciaram a constituição de um novo grupo psicanalítico, ao qual chamaram de Sociedade Francesa de Psicanálise (SFP).

Imediatamente, Lacan, seguido por outras quarenta pessoas, juntou-se a eles.

Todos os que se retiraram da SPP foram punidos com a exclusão da IPA. Com isso, o que era uma pendência interna ao grupo de Paris internacionalizou-se, deixando claro a rigidez burocrática que orientava os que se colocavam como os reguladores da prática analítica.

Esses acontecimentos marcaram uma das múltiplas faces de Lacan: luta incessante com a organização institucional dos analistas, tentando sempre enquadrá-la nos parâmetros pertinentes à égide freudiana.

O tom de enfrentamento se concretizou com uma "resposta" de Lacan às críticas de que era alvo, em setembro de 1953, no seio da SFP, num pronunciamento que se tornou conhecido como o discurso de Roma. Apesar do tom circunstancial e emotivo que marcou sua enunciação, é ainda hoje uma das mais lúcidas retomadas da teoria analítica, precisando seu alcance e verdadeira dimensão, além de demonstrar que pontos fundamentais do espírito freudiano estavam sucessivamente sendo deixados de lado. Os conceitos de falo, castração e narcisismo, por exemplo, tinham sido colocados em segundo plano pela psicanálise americana, em função de considerações ideológicas sobre a adaptação adequada do ego à realidade.

Ao retomar o inconsciente, que Freud explicitara na *Interpretação dos sonhos*, Lacan abriu definitivamente uma nova esfera de indagação da linguagem, recolocando o acento do trabalho do analista com as palavras.

Foi o ponto de partida da revisão de Freud, procurando, em sua obra, os elementos que sustentam a eficácia da psicanálise.

Data dessa época o início dos "seminários" nos quais se levava a cabo a proposta do retorno a Freud. Em 1953, dedicou-se o primeiro deles aos escritos técnicos; no ano seguinte, ao ego na teoria e na técnica analítica, iniciando uma tarefa ininterrupta, a despeito das crises institucionais que se seguiram até 1981.

Os analistas da SFP, porém, não tinham elaborado suficientemente a exclusão da IPA. Assim, alguns de seus membros tentavam obter o reconhecimento da nova associação pela IPA, pois talvez isso significasse, para alguns, um aumento do mercado de pacientes, o que os colocaria em condições de concorrer com os analistas da SPP, ou mesmo atingir um público maior.

Dessa maneira, em 1959, alguns dos membros da SFP começaram a cortejar a IPA, pedindo algo assim como o perdão àquela "igreja" psicanalítica.

Em resposta, a IPA exigiu que a SFP fosse constituída apenas como um grupo de estudos, além de uma vintena de recomendações, entre as quais estava a imposição da retirada do nome de Lacan da lista dos analistas didatas.

Tendo que escolher entre Lacan ou pertencer a IPA, os membros da SFP, em assembleia, escolheram a esta. E, em 13 de outubro de 1963, a Comissão de Educação da SFP eliminou seu nome da lista.

Apesar disso, ele continuou a ensinar, com maior vigor ainda, limitando-se a mudar seu seminário de local. Saiu do hospital de Ste. Anne e instalou-se na Escola Prática de Estudos Superiores, lugar tradicional de ensino dos intelectuais de destaque. Com isso mudou sua audiência, agora estando presentes, além de psicanalistas e psiquiatras, também filósofos, antropólogos, linguistas, matemáticos etc.

A 2 de julho de 1964, talvez por fidelidade aos que o seguiam, anunciou paradoxalmente que, "sozinho como sempre esteve", fundava a Escola Freudiana de Paris (EFP).

Nessa terceira instituição, pretendia não cometer os erros das anteriores. Dessa forma, na ata de fundação, propôs um trabalho que, por meio de um questionamento contínuo, pudesse denunciar os desvios que impedissem o avanço da psicanálise.

Chegara o momento de os lacanianos assumirem suas próprias posições. A luta já não se dirigia mais contra a IPA, nem contra as distorções que o freudismo sofrera após a morte de Freud. O compromisso agora era com os fundamentos conceituais, levado às últimas consequências.

Esse projeto não se mostraria nada fácil de ser executado, uma vez que, por motivos que tentaremos elucidar adiante, toda instituição psicanalítica carrega, em si mesma, o germe da própria destruição.

Pouco tempo depois, Lacan se veria novamente enredado nos entreveros da política que ele mesmo criticara nos outros, e decorridos apenas alguns anos a EFP também teria suas divergências internas.

Não que Lacan fosse dizimado por suas convicções; antes, talvez, o conflito estrutural entre o caráter subversivo da psicanálise e sua necessidade de possuir uma organização adequada acabou, como sempre, provocando um curto-circuito. Como resultado, um alto preço foi pago na dissolução do laço social que sua Escola autorizava.

Perante decisões tão delicadas, ser vítima, mártir ou herói, três destinos costumeiramente diferentes seriam, entretanto, não excludentes e, às vezes, até simultâneos.

LACAN PSICANALISTA

O que é a fama? Apenas o notório reconhecimento pelos outros, independentemente de fatos que a justifiquem? Boa ou má, pouco importa quando se considera seu efeito de focalizar numa só pessoa o interesse de muitos. Como amor e ódio, bom e mau são polos extremos de uma mesma unidade, e sua diferença depende unicamente da atribuição de valor de quem julga.

Aquele que ama é o mesmo que odeia, de acordo com o que Freud já havia teorizado em seu estudo da "psicologia das massas". Talvez isso explique, pelos acidentes da paixão, por que Lacan gozou de tanta fama em determinada época.

A fama pode ser pensada também a partir dos efeitos da moderna comunicação de massas. Sem dúvida, a constante divulgação pela imprensa contribuiu para elevar o nome de Lacan ao estrelato do mundo intelectual francês, principalmente na década anterior a sua morte.

Corriam tantas histórias a seu respeito que se criou um folclore, mitificando-lhe a figura a ponto de transformá-lo num personagem de histórias em quadrinhos.

Alçado ao Olimpo da cultura contemporânea, sua vida tornou-se pública e mesmo o menor de seus atos alimentou as anedotas daqueles cujo prazer é encontrar fraqueza nos grandes, quiçá porque, ao denunciarem os aspectos humanos de seus ídolos, conseguem se identificar com eles.

O Lacan psicanalista muitas vezes foi confundido com o Lacan das fofocas criadas a seu respeito, transformado em depósito do anedotário que acumulou através das oportunidades em que foi protagonista de causas públicas.

Mesmo travestido das roupagens mais bizarras, ele serviu aos que nele colocaram seus desejos, vendo-o apenas como a personificação de um ícone moderno.

Sempre existiu, porém, um aspecto pouco conhecido até mesmo pelos consumidores dos *affairs* lacanianos: o de sua produção, que, desenvolvida simultaneamente à corrente de acontecimentos que o arrastava, mantinha-se alheia à agitação e marcou a psicanálise com o traço inconfundível de seu estilo.

A atividade produtiva de Lacan esteve presente desde 1936, momento de sua estreia como analista, e se manteve por toda sua vida, numa copiosa elaboração de artigos, conferências e seminários, que só terminaria com sua morte, em 1981.

Espantosamente, apenas em 1966 uma compilação de seus textos veio a público, num badalado volume: os *Escritos*.

"Livro que se compra", diria Lacan, "para não se ler".

Obra de acesso internacionalmente difícil, como seria de esperar daquele jovem brilhante, cujo percurso, no início ligado aos motivos do movimento surrealista, fez que deixasse de lado um promissor futuro de psiquiatra para mergulhar na análise.

Talvez fosse de esperar, também, que esse jovem talentoso não se contentasse em aceitar os modismos acomodados da psicanálise da época na França, nem seus modos tradicionais de transmissão.

Que dizer, então, de seus seminários, que, um por ano, totalizam 27? Deles, apenas oito foram editados, embora os demais circulem de mão em mão em duvidosas edições piratas.

Lacan entrou para o movimento psicanalítico com Freud ainda vivo e, ao que parece, não se deixou intimidar por isso. Sua comunicação sobre "O estádio do espelho" foi até mesmo anterior ao trabalho de Freud de 1939, *A cisão do ego no processo de defesa*. Apesar disso, levou muitos anos até se tornar claro que ele pretendia recuperar a originalidade da obra freudiana, sem necessariamente copiar sua letra.

Ao traçar as bases do questionamento dos fundamentos da prática analítica, denunciando suas falsificações, Lacan incompatibilizou-se com os poderosos da organização criada por Freud.

Sua insistência de coerência e seu absoluto desapreço pela ortodoxia e pela hierarquia escandalizaram os grupos "oficiais".

Armado o confronto entre o pensamento de Freud e seus desvios, Lacan viu-se excluído das instituições formais.

Data daí o início de seu ensino. Mais precisamente, a partir do texto "Função e campo da palavra e da linguagem", em que recentrou os princípios de análise, demonstrando a tese do inconsciente estruturado como uma linguagem.

Nessa altura, seus seminários, artigos e comunicações já atraíam não só a atenção de alunos, mas também o interesse de um grande público, espalhado em diferentes meios culturais.

Seu ensino não sofreria limitações e permitiria recorrer desde os *Upanishads* — texto sagrado hindu —, para comprovar que é no dom da palavra que reside a realidade dos efeitos da interpretação, até encontrar no Zen a justificativa para a prática da busca do sentido pelo não sentido.

Mais do que nunca, ousou questionar a psicanálise que lhe era contemporânea, atacando a falácia do ego, sustentáculo das crenças de seus adversários. Revendo essa noção, chocou-se com o consenso do *establishment* analítico, o que lhe valeu inúmeros inimigos.

O tom ferino, mordaz e agressivo que usava ao tratar aqueles que criticava colocou-o no âmago de intermináveis disputas.

Junto com seu estilo preciosista, as citações eruditas e as referências à linguística, matemática, lógica e topologia serviram para taxá-lo de rebuscado, hermético e difícil.

Toda essa aura de inacessibilidade encontra-se na origem de muitas das balelas que contavam dele; porém, elas teriam maior razão de ser na fidelidade incondicional aos princípios que regiam sua prática, independentemente das normas convencionadas pelos colegas, aumentando-lhe ainda mais a fama, agora como excêntrico.

Foi o que aconteceu, por exemplo, quando subordinou a técnica analítica, não ao tempo cronológico, mas ao tempo próprio do sujeito, ignorando os preceitos que regulavam em 50 minutos fixos a duração das sessões. Pois não é aceito por todos que há minutos que duram horas e horas que duram minutos? A novidade estava na possibilidade de acertar o tempo com a lógica, e não mais com a astronomia. Foi o início da prática das sessões com tempo livre, fonte inesgotável de escândalo.

A fundamentação teórica que a sustentava, porém, já não o era...

Do mesmo modo, um sem-número de formulações conceituais foram precisadas dentro de um rigor maior, ultrapassando os limites do discurso freudiano, para que a verdade psicanalítica pudesse ser mais bem enunciada.

Para começar, digladiou-se com quase toda a psicanálise que se seguiu à morte de Freud, cuja mola-mestra centrava-se na análise das resistências ao tratamento.

Essas resistências eram atribuídas ao ego, instância psíquica entendida como intermediária entre os desejos do inconsciente e as imposições da realidade.

O tratamento analítico conduzido dentro de tal acepção do ego eleva-o a parâmetro para medir o intercâmbio de forças entre o psiquismo e o mundo externo, e transforma o analista em juiz que avalia o êxito dessa tarefa, "identificando-o com o princípio autoritário dos educadores de sempre".

E eram as instituições analíticas, com as quais Lacan brigava, que garantiam o ego desses analistas, encomendando à análise didática a calibragem dessa medida de realidade, "para mantê-lo, dentro de uma cota adequada, entre os analistas em formação".

Lacan apontou tal deformação, sobretudo entre os norte-americanos, que, ao acrescentarem a etiqueta de "autônomo" ao ego, introduziram ideologicamente o ideal de estabilidade e de integração de propósitos incompatíveis, criando a fantasia capitalista do super-homem americano.

Era como se os analistas (com seus ego-super) se oferecessem aos ianques para guiá-los até a *happiness*, através do *american way*.

Para Lacan, isso contrariava frontalmente a metapsicologia; portanto o ego, em vez de ser concebido como centrado no sistema percepção-consciência, foi por ele denunciado a partir de sua função de desconhecimento, ilusão imaginária que explica sua dinâmica.

O ego, assim formalizado, difere das exigências de síntese e de adaptação que lhe tinham sido outorgadas pela psicologia, cujas diferenças com a psicanálise foram assinaladas nesse primeiro momento do movimento de retorno a Freud.

Destacando o vínculo alienante do ego com o semelhante em relação ao qual inicialmente se formou, Lacan demonstrou uma das molas essenciais da experiência humana, sendo que desse confronto se acede à ordem da cultura.

A crença de que o homem a teria criado por meio da consciência decorre do pressuposto de que é apenas por essa mediação que se pode entrar nela.

Depois da constituição especular, dá-se a passagem do dual para o social, ou seja, o modo como todo ser humano, segundo o desejo do outro, encontra seus objetos.

Contudo, isso só acontece, enfatizava Lacan, atravessando o desfiladeiro radical da palavra, o que se reproduz cada vez que o falante se dirige ao Outro como absoluto.

Outro que, escrito com maiúscula, alude a um lugar e não a uma entidade ou pessoa. Lugar a ser entendido como a ordem dos elementos significantes que articulam o inconsciente e marcam a determinação simbólica do sujeito. Daí Lacan dizer que o inconsciente é o discurso do Outro, e a linguagem, sua condição.

O que ele fez então foi descentrar o trabalho analítico do eixo imaginário, que, atuando através de retificações ortopédicas, "curava" o analisando dando-lhe um modelo adequado de identificações bem comportadas.

Privilegiando a palavra como único meio da análise, reintegrou a importância da pedra basal dessa prática.

Reintegrou-a também à teoria de Freud, pois, denunciando a relação especular do ego com o outro, voltou a dar a posição correta dessa instância na teoria do narcisismo.

No entanto, a psicanálise que ele criticou não permaneceu igual nas três décadas que durou seu ensino, assim como a questão egoica não esgotou todos os aspectos conflitantes do problema.

Durante os anos que se seguiram, Lacan desenvolveu uma série de outros assuntos que se apresentavam imprecisos na compreensão dos intérpretes de Freud.

Destrinchou também, ao longo de seus seminários, os conceitos capitais de transferência, identificação e angústia, entre outros.

Simultaneamente, o interesse de sua investigação às vezes superava as necessidades imediatas da clínica para abordar outros temas espinhosos e abrangentes, como a ética da psicanálise.

Entretanto, afirma-se que Lacan se tornou lacaniano somente em 1964, querendo-se dizer com isso que foi a partir daí que ele passou a se expressar unicamente numa terminologia e conceitualização que lhe eram próprias, ultrapassando, embora sem anular, o desenvolvido por Freud.

Esse foi um ano decisivo para Lacan por causa do seminário intitulado "Os quatro conceitos fundamentais da psicanálise" e de sua excomunhão. Foi também o ano da fundação da Escola Freudiana de Paris, que, como ele, tornar-se-ia famosa.

O sistema construído a partir da elaboração de uma semântica exclusiva resultaria numa série de sofisticações, tais como os matemas, as fórmulas quânticas da sexuação, os quatro discursos, a noção de semblante, o objeto a etc.

No entanto, embora essa reformulação da teoria da psicanálise levasse a profundas modificações em sua prática, sua aplicação permaneceu sempre a mesma, única e específica: segundo Lacan, terapêutica. Manteve-se fiel ao aforismo de que a clínica é soberana, nunca abandonando seu exercício; o complexo instrumental assim desenvolvido decorreu da necessidade de dar conta dessa tarefa.

Suas reflexões sobre o desejo, o fim da análise, o manejo da transferência, entre outras, fizeram avançar as possibilidades de o analista atuar nesses problemas.

E foi justamente como clínico que Lacan alcançou maior fama. O folclore que o cercou talvez se devesse às particularidades dos comportamentos que se permitia, certamente por ter claro o lugar do analista e sua responsabilidade na direção do tratamento.

Usava de todas as peculiaridades de seu estilo, de toda força de sua personalidade, sem, no entanto, perder a especificidade da eficácia analítica, levando-a aos extremos mais rigorosos.

E seu estilo apontava a que se pudesse atuar desde o mesmo lugar, sem porém imitá-lo, pois o jeito de cada um, como ferramenta da técnica, deve se adequar à mão de quem usa.

Sem dizer como fazer, o ensino de Lacan sempre visou à ação do analista.

O analista conduz a cura e para poder fazê-lo, em primeiro lugar, não dirige o analisando. O que ele faz é aplicar a regra da associação livre. Porém, se o analisando pode esquecer que ela consiste só de palavras, o analista não, por ser isso o característico da análise.

O analista também paga sua cota: ou com palavras, que a operação analítica pode elevar ao efeito de interpretação, com sua pessoa, que se presta como suporte do fenômeno da transferência, ou ainda através daquilo que tem de essencial em seu juízo mais íntimo, o qual fica sempre fora do jogo.

O analista se adjudica a ajuda do que no *bridge* se chama de "morto". Esse é o único lugar possível para seus sentimentos na partida da análise.

A metáfora do morto, e mais tarde o conceito de semblante, aludem ao problema do desejo do analista, que, até então banalizado na noção de contratransferência, eclipsava a discussão do assunto, que deve levar à questão do ser do analista.

Por outro lado, o analisando só procura o analista porque acha que este sabe o que o faz sofrer.

Esta suposição de saber atribuída ao analista é o que se conhece como transferência.

O que implica necessariamente que o analista não se acredite de fato na condição em que o analisando o coloca.

Não é apenas para ajudar o outro que o analista deve estar a salvo da patologia, nem ser um homem feliz. O que escuta não o obriga a compreender; é apenas alguém a quem se fala, e se fala abertamente, apesar de que nada é mais sobredeterminado do que essa livre associação.

É então no fluxo discursivo, nessas palavras concretamente enunciadas pelo analisando, que consiste toda a materialidade da análise, e é aí que se localizará a subordinação do sujeito ao inconsciente.

O analista, segundo Lacan, age decifrando a diacronia das repetições inconscientes, introduzindo na sincronia dos significantes que ali se compõe algo que faça possível sua tradução, para com isso levar o sujeito a enunciar seu desejo aí encoberto.

A habilidade do analista, assim reformulada, embora torne mais precisa sua função, nem por isso esgota as dificuldades inerentes à experiência.

Por exemplo, a clínica analítica, postulada em bases coerentes, deveria ter suas categorias próprias, não devendo se importar com a caracterização psiquiátrica dos quadros nosográficos, que não se adequam ao método da psicanálise.

Foi o caso das psicoses. Lacan abordou o tema em sua tese, e em 1956 dedicou um seminário ao estudo das estruturas freudianas das psicoses.

Embora nunca tenha deixado a prática hospitalar, nem de frequentar as tradicionais "apresentações de pacientes", só voltaria ao assunto em 1976, no seminário sobre a obra de James Joyce, intitulado *O sintoma*.

Os progressos assim obtidos naquela abordagem são fundamentais para o desenvolvimento da teoria. Infelizmente, suas consequências na prática não são proporcionais a esses avanços. As psicoses continuam como um dos principais desafios à psicanálise atual.

Por outro lado, ao aprofundar esse tópico, Lacan se veria conduzido a reordenar a psicopatologia, o que seria um dos principais resultados de seu ensino, embora esta seja uma das contribuições dele que ainda não deu todos os frutos.

Recentrando as neuroses nos acidentes do Édipo, buscou aí as estruturas que as condicionam. Ficou-lhe o mérito de desautorizar a leitura da nosologia da psicanálise como efeito de regressão linear a pontos de fixação, cuja antiguidade seria proporcional à gravidade do quadro em questão.

Dessa maneira revista, a clínica fica aberta para os investigadores. A psicanálise, por definição, é um método de pesquisa, e o saldo positivo do esforço de Lacan está em havê-lo precisado sem fechar seus limites.

Nos dias de hoje, quem quer que se diga analista não precisa se embandeirar imaginariamente numa identificação com Lacan, nem seguir à risca suas ideias. O que não pode, porém, é desconhecer todos esses problemas por ele levantados, sob pena de cair num obscurantismo inconsequente.

LACAN LACANIANO

"Não me repito, mas sempre digo o mesmo", afirmava Lacan. E durante três décadas realizou periodicamente seu seminário, aberto a analistas e leigos, além de escrever inúmeros trabalhos e artigos.

Do que estava falando, insistentemente, sem se repetir? De Freud? Da psicanálise?

Sim, evidentemente. Mas quais seriam as linhas mestras de seu pensamento? Qual teria sido sua contribuição original? Vamos tentar dar uma resposta a essas perguntas, sabendo que corremos o risco de — ao ter de comprimir em poucas páginas o trabalho de tantos anos — restringir as proporções do legado lacaniano.

Tendo Freud como pano de fundo, há uma constante na obra de Lacan que atravessa diversas épocas e textos, tomando, em cada momento de sua teorização, novas perspectivas e precisões, sem nunca ser perdida como pedra de toque. Trata-se da referência onipresente — implícita ou explícita — aos registros de Imaginário, Simbólico e Real, descritos por ele como as três dimensões do espaço habitado pelos seres falantes, como é revelado pela experiência analítica.

Vejamos suas definições.

O Imaginário constitui o plano onde se manifesta o ego. Devem ser considerados dois dos sentidos possíveis dessa palavra: por um lado, quer dizer falso, apontando dessa maneira à ilusão de autonomia da consciência. Por outro lado, tem que ver diretamente com as imagens, a matéria-prima a partir da qual se estrutura o estádio do espelho, por meio de identificações.

Em termos freudianos, corresponde à dimensão do narcisismo, etapa intermediária entre o autoerotismo e as relações objetais da libido. É o momento fundamental da cristalização da imagem do corpo, que dá lugar à instalação, no psiquismo, da matriz do ego.

O registro do Simbólico tem, na linguagem, sua expressão mais concreta: é o âmbito da palavra e suas consequências na constituição do ser humano, chamado tautologicamente de falante, por depender sua qualidade humana do fato de falar.

Esse registro inclui o inconsciente, condicionado pela linguagem, assim como também a interdição do incesto, a lei que ordena a vida dos homens e os diferencia dos animais. Ou seja, presentifica a cultura.

Na teoria freudiana, podemos identificar o Simbólico nos textos que ilustram o funcionamento do inconsciente. Mas também naqueles que falam sobre o complexo de Édipo, por ser a função do pai ligada a esse registro.

O Real, ou a terceira dimensão, define-se inicialmente pela negativa: é aquilo que não pode ser simbolizado nem integrado narcisicamente. A reflexão a seu respeito traz de novo o velho problema filosófico da relação imediata entre sujeito e objeto. Relação inviável, por estar o objeto sobredeterminado, e o sujeito condicionado por seu desejo. Portanto, o Real é o que é, além de qualquer interferência, independente dos outros registros.

No sistema de Freud, era a referência à base biológica do ser, em cima da qual iria se organizando o aparelho psíquico. Todavia, era o lugar outorgado ao trauma nos começos de sua teorização: aquilo que, por irromper de repente, não permite que o sujeito se defenda, desestruturando-o.

Esses três registros estão presentes na teoria de Lacan, constituindo seu eixo, a partir da primeira versão do estádio do espelho. Porém, em épocas diferentes, Lacan dedicou seus esforços à formalização de cada um deles especificamente, sem perder nunca de vista seu funcionamento conjunto.

Daí que seja possível dividir o ensino lacaniano em três períodos, segundo as perspectivas teóricas correspondentes a cada tema em seu contexto histórico:

1) O período inicial consta de duas partes, começando em 1936 com a teorização do Imaginário a partir da primeira formulação do estádio do espelho, e vai até 1953. Nesse ano, na ocasião da cisão do movimento psicanalítico francês, Lacan introduziu sua tese do inconsciente estruturado como linguagem, e até 1963 dedicaria seu seminário ao estudo dos textos de Freud nos quais se baseava para propor a diferença entre o Imaginário e o Simbólico. Para isso, promoveu a utilização de uma "álgebra" especialmente forjada para dar conta das questões em jogo.

2) Em 1964, eclode o conflito entre Lacan e a Sociedade Francesa de Psicanálise, quando essa instituição o "excomunga" de suas funções didáticas, condição exigida pela Sociedade Internacional para reconhecer oficialmente o caráter formativo da entidade. Diante do impasse, Lacan funda a Escola Freudiana de Paris e dedica seu seminário aos quatro conceitos fundamentais da psicanálise — inconsciente, repetição, pulsão e transferência —, e a partir de então devota sua energia à elaboração dos termos que ele propusera para formalizar o registro do Simbólico.

São estes: o sujeito dividido ($); o objeto a, causa do desejo; a cadeia significante (S1 - S2); o Outro (A); o Sujeito suposto saber, pivô da transferência etc. Os problemas decorrentes de sua articulação se superpõem e substituem as proposições iniciais.

Esse período, que começa com a fundação da "Escola" e vai até 1973, caracteriza-se pela precisão dos elementos constitutivos do discurso lacaniano. Seu porta-voz, posicionado como mestre, tinha a seu cargo a tarefa de garantir a base teórica sobre a qual erigiria a nova instituição.

3) A partir de 1974, o ensino de Lacan toma como alvo os alicerces mesmos de sua teoria, para defini-los melhor, utilizando

para isso a referência constante aos três registros, dedicando particular atenção ao Real.

A maneira escolhida de se aproximar ao Real — impossível, por vias diretas — fez da matemática uma necessidade imprescindível. Lacan se aproveitou dos raciocínios do campo da lógica e das demonstrações da topologia para realizar uma verdadeira "metateoria", cuja finalidade era levar até as últimas consequências o específico de seu pensamento e a possibilidade de sua transmissão.

Nessa última etapa, entra em cena um novo elemento, que ele define como o arcabouço perfeito de sua lavra. Trata-se do "nó borromeano".

Se, no informe de Roma de 1953, Lacan dizia analogicamente que os três registros estavam enlaçados, lacrados, vinte anos depois essa afirmação deixaria de ser apenas uma imagem retórica, transformando-se em algo real, um nó de verdade.

Entretanto, o que é um nó? E por que seria preciso utilizá-lo para falar do lugar do sujeito na teoria psicanalítica?

O recurso à topologia — que é um ramo da geometria concernente às propriedades essenciais que permanecem imutáveis quando os espaços são deformados — permite evitar erros intuitivos de apreciação, por serem suas estruturas e relações acessíveis só a partir de uma análise lógica. Os modelos topológicos, além da superação dos esquemas planimétricos ou cartesianos, justificam seu uso por sua funcionalidade, isto é, pela capacidade de articular. Ou seja, de juntar coisas diferentes e mantê-las unidas.

Os nós, tomados como objetos formais, encontram-se dentro do campo da topologia. Concretamente, foram conhecidos desde sempre por marinheiros e pescadores, assim como por artesãos e tecedores, de maneira pragmática. Mas pouco se sabe, em definitivo, sobre eles. Basta lembrar que as culturas pré-colombianas dispunham de um sistema (semiótico? matemático?) constituído só de nós — os *kipus* — que nunca chegou a ser decifrado por completo.

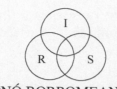

"NÓ BORROMEANO"
S = Simbólico
I = Imaginário
R = Real

O "nó borromeano" é formado por três círculos (que podem ser de barbante ou qualquer outro material) e sua característica única consiste em que, cortando-se um deles, não importa qual, os outros dois não ficam unidos.

Essa amarração é a propriedade matemática que permite enlaçar — em três dimensões diferentes — as categorias que decorrem da leitura lacaniana de Freud.

Em certo momento, Lacan admitiu ser estruturalista, acrescentando em seguida que sua estrutura particular era esse nó. Embora conhecido tradicionalmente pelos tecedores de macramé, seu nome parece derivar do brasão que ornamentava o escudo de armas de uma nobre família do norte da Itália, os Borromeu.

Esse nó é útil para insistir na concatenação dos registros, em sua interdependência recíproca, e evitar que se considerem por separado, funcionando, os três, em uníssono. Assim mesmo, tendo cada um dos três sua importância por igual, nenhum deles é mais ou menos destacado que os outros, atuando juntos.

Vimos, até aqui, as propriedades do nó, a capacidade de se servir dele em razão das necessidades do pensamento lacaniano, assim como os elementos conceituais que ele conjuga. Sempre é bom, porém, levantar algumas perguntas e interrogar os sistemas de ideias, por mais bem consolidados que eles estejam. Para que serve tudo isso? Tratar-se-ia tão somente de uma maqueta abstrata e formal, passível de organizar uma teoria? Ou poderia ter alguma outra aplicação além desta?

As respostas são afirmativas. Porque, além de servir como exemplo de uma determinada concepção da teoria analítica, sua utilidade maior consiste nas possibilidades que oferece para pensar a prática. Essa questão que pode ser dividida em duas perspectivas: por um lado, o que se passa na sessão de análise, entre analista e analisando; por outro lado, e fundamentalmente, o nó proposto por Lacan resulta eficaz para definir uma nova psicopatologia. Freud especificara, a partir de seus escritos, o que devia ser considerado como histeria, neurose obsessiva etc., mas na medida em que a origem desses quadros clínicos provinha do campo da psiquiatria, sempre houve confusões a seu respeito, e não é raro encontrar — particularmente em alguns autores pós--freudianos — a ideia de a psicanálise não ser nada mais que uma versão modernizada das velhas noções psiquiátricas.

Lacan, após ter precisado os postulados freudianos, tentou contornar essas dificuldades através de uma formalização exata. Foi a época de sua preocupação com a lógica do significante, que desembocaria na tentativa de enunciar taxativamente os elementos que compõem o discurso analítico.

Esse recurso, embora seja, ainda hoje, de larga utilização pelos analistas lacanianos, teria encontrado sua superação a partir da proposta do "nó borromeano".

Dos três registros, amarrados dessa maneira, pode-se definir uma clínica, exclusivamente descrita segundo a experiência psicanalítica, sem nada a dever à medicina.

A hipótese é a seguinte, desdobrada didaticamente em diferentes passos lógicos: primeiro o nó — adequadamente amarrado, ou seja, respeitando sua consistência formal — é concebido como uma figura topológica em cujo traçado se inclui a localização do sujeito; segundo: a cada uma das interseções dos campos dos registros corresponderia uma determinada ordem de superposições, de tal maneira que o Simbólico limitaria o Imaginário, o Imaginário limitaria o Real, e o Real limitaria o Simbólico; terceiro: as possíveis falhas na constituição do nó poderiam indicar as desestruturações "patológicas" do sujeito em pauta, decorrentes de sua história, e as alterações dos registros.

Vejamos um clássico exemplo disso: no caso do pequeno Hans, relatado por Freud, o instante anterior à fobia é uma angústia que irrompe de repente, sem que se saiba por que, e que pode ser pensada como uma falha do Imaginário em sua função de limite do Real. No momento posterior, surge o medo aos cavalos, que, de certa forma, atenua o afeto e lhe dá conteúdo representativo. E aqui, na medida em que os cavalos representam o pai de Hans, vemos a função do Simbólico tentando estabelecer uma ordenação, amarrando os registros, porém, de maneira sintomática.

O efeito da interpretação analítica deveria ser, ao nível das palavras, a capacidade de operar no Simbólico com a finalidade de reorganizar o equilíbrio do "nó psíquico" dos três registros, de tal modo que o sujeito ficasse livre de angústia, superasse suas inibições e eliminasse seus sintomas.

A vantagem dessa maneira de pensar a clínica consiste em que não se considerariam os quadros patológicos, *a priori*, como categorias fixas nas quais encaixar os pacientes, mas, que, pelo contrário, se procuraria analisar o que cada sujeito tem de singular para propiciar a emergência e o reconhecimento de seu desejo, único em cada caso. Para isso, resulta imprescindível não confundir os registros e atender a seus vínculos recíprocos.

Lacan esteve ligado ao movimento analítico por quase 50 anos. Sua produção foi de uma extensão enorme e de uma dificuldade considerável.

Tentar resumi-la leva a um reducionismo nem sempre pertinente ao sentido de seu desenvolvimento. Entretanto, toda leitura implica uma interpretação. Embora nos pareça que o "nó borromeano" é a condensação que melhor exemplifica as teses lacanianas, há uma outra série de alternativas que representam contribuições importantes para a formalização da teoria analítica.

É o caso da lógica do fantasma, do ato analítico, do lugar do analista etc.

Dentre estas, vamos escolher a perspectiva do lugar do analista para darmos sequência, com o intuito de elucidar o que é típico em sua ação.

O sintoma, definido como "a inscrição do Simbólico no Real", permitiria que a pergunta "Por que uma pessoa procura uma análise?" pudesse ter respostas mais claras.

Quando alguém se dispõe a iniciar uma análise, pelo menos duas questões estão em andamento. A primeira, que aquele que será o analisando interpreta o que o está fazendo sofrer como sintomático, ou seja, algo que precisa ser "curado". A segunda, que rapidamente conclui que sozinho não pode resolver o problema e, portanto, procura ajuda.

Certamente, se essa pessoa procura um analista, é porque supõe que ele tenha um conhecimento, talvez uma solução, para os incômodos que o atormentam.

Essa atribuição de um "saber" sobre seus sintomas e sofrimentos, que leva uma pessoa a solicitar o auxílio de outra, não é exclusiva da psicanálise, já que é a mola impulsora que possibilita qualquer intervenção terapêutica, tanto médica quanto psicoterápica.

O que caracteriza a psicanálise como diferente dessas outras práticas está relacionado com a posição em que o analista se coloca perante os pedidos de quem o procura.

O médico, por exemplo, diante da queixa do paciente, conta com uma acumulação codificada da experiência, que lhe permite, frente a certas manifestações, afirmar certas causas e agir sobre elas.

O analista não. O que ele sabe é que os sintomas não estão relacionados com a fisiologia ou a anatomia, mas com os acontecimentos da vida da pessoa, e que isso não é fixo ou estereotipado.

Como cada pessoa tem uma história única, cada sintoma tem um sentido particular para cada um dos indivíduos, não sendo de utilidade os compêndios de causa-efeito, como acontece na medicina.

E o que faz o analista para deduzir o que um sintoma significa para uma pessoa em especial?

Primeiro, se coloca fora do lugar de quem sabe tudo, o que permite a ele escutar a verdade alheia. Pede ao outro que fale, pois é nas tramas, nos deslizes, nos tropeços do que se diz que encontrará o específico daquele sujeito.

Para isso, o analista usa um método de investigação *sui generis*, que consiste em pedir para que a pessoa lhe fale tudo que vier à cabeça, sem fazer nenhum tipo de censura ou escolha das ideias a serem comunicadas.

Como consequência, acontecerá que quem aceita essa proposta talvez não chegue ao fim de um pensamento, porque o diálogo com o analista difere de um papo normal, em que a pessoa teria de se esforçar para se fazer entender e ser coerente e preciso.

Como na análise, ele pode falar qualquer coisa com qualquer coisa, vai parecer mais com uma conversa de loucos, onde de uma coisa se passa para outra sem terminar nenhuma.

Esse é o método próprio da psicanálise, chamado de "associação livre". O que, aliás é uma mentira, porque, como Freud demonstrara exaustivamente pela interpretação dos sonhos, na descrição da psicopatologia da vida cotidiana e no estudo dos chistes, toda produção psíquica é sobredeterminada.

Retomamos aquilo que dizíamos no começo deste livro: quem fala nem sempre sabe o que diz ou, quando diz o que quer dizer, não sabe o que está falando.

Ainda mais, toda palavra é endereçada ao Outro.

E é aí que o analista vai buscar o seu poder.

Justamente para melhorar esse efeito de receptor da fala do analisando é que o analista usa o divã. Para que o paciente possa se concentrar mais em seu próprio fluxo discursivo, facilitando que se fascine consigo mesmo e, ao não ter o analista em seu campo visual, possa mais facilmente falar para ele, e não dele.

Pois é claro que, como o analista não demonstra seus próprios gostos, e não diz o que quer escutar, o analisando, procurando interessá-lo, falará do que supõe que lhe agrade.

Dessa forma, de gatos se passa a sapatos, e de alhos a bugalhos. A certeza com que se fazia uma afirmação passa a ser relativizada por uma série de ideias "coincidentemente" associadas.

É assim que muitas vezes o que odeia demais confessa amor, quem despreza quer comprar e o macaco não olha para seu rabo...

A pessoa termina por "confessar" o que sempre soube mas que não queria aceitar. Ela termina, também, por não receber o oráculo que revelaria sua última verdade. Porque, mais que respostas, descobre seus próprios enigmas e percebe que a chave para decifrá-los é sua própria história.

Processo necessariamente demorado, durante quanto precise para cada um. Quem faz a análise, então, é o analisando. O analista dá condições para que aquilo que o sujeito desconhece de si mesmo possa ser integrado por este, como sendo privativo dele.

O analista faz isso, mais do que nada, pondo a cara, usando do efeito que Lacan chamou de "semblante", e que consiste em suportar o que não se conhece, sem demonstrá-lo. Essa é a função do silêncio, condição da escuta.

O analista, além disso, intervém às vezes no discurso do analisando. Porém, ao não estar comprometido com o que este pensa que diz e, portanto, ao não ter de aconselhar, opinar ou sugerir, suas intervenções vão se dirigir a pontos dessa fala em que ele terá aprendido a encontrar as manifestações do inconsciente.

Se corretas, essas pontuações vão produzir novas cadeias associativas, diferentes das que estavam sendo seguidas, e que se relacionam entre si por um desejo deslocado.

A questão central do ato analítico consiste na modificação subjetiva que se produz quando o analisando, que no começo desconhecia o porquê de seu sintoma, e sofria por isso, a partir da interpretação do desejo passa a reconhecê-lo como parte constitutiva de si, com todas as consequências que isso implica em sua vida.

Com todas essas dificuldades e sutilezas, não é de admirar que, logo após a morte de Freud, os analistas já estivessem dando um jeito de tornar a análise mais agradável, e sem tantas surpresas.

Era muito mais fácil vender certezas. O método freudiano exigia que o analista desaparecesse, ou seja, não se deixasse levar por seus sentimentos, valores, opiniões, para, assim, brincando de "morto", poder atuar de forma que o analisando produzisse suas próprias verdades, ainda que espantosas.

Esse intuito, de uma maneira mais sofisticada, pode também ser entendido como similar à função do "morto" dos jogos de carteado, em que, a partir de certas jogadas, se podem inferir as cartas que o constituem.

Esse lugar difícil de suportar acabou sendo substituído, como mostramos no exemplo da psicanálise americana, pela figura de um modelo que, como parâmetro de sadio, medeia a "doença" do analisando, reformulando-o pelos seus valores.

O papel do analista proposto por Freud é impossível. Nenhum analista poderia levar ao limite o ideal da neutralidade; o limite do analista é sua humanidade.

Porém, uma formação analítica deve permitir que o analista tenda para esse ideal, e a forma com que o pode fazer constitui sua arte.

Freud, ao diferenciar a psicanálise das psicoterapias, definiu-as como opostas, ou seja, o que não é análise seria sugestão. Criou, também, a analogia dos processos analíticos com a mineração do ouro.

Esta, como a psicanálise, tem um ideal de pureza. Tanto uma quanto a outra serão melhores e mais valiosas conforme tenham menos impurezas, se bem que ouro 100% puro não existe. O mesmo acontece com a psicanálise.

Dando continuidade a essa analogia, poderíamos acrescentar que, assim como a mineração do ouro progrediu, permitindo maior pureza nos resultados obtidos, também a análise, com a atualização que sofreu a partir de Lacan, apresenta hoje maiores possibilidades de eficácia em seus efeitos, tanto éticos quanto técnicos.

LACAN KLEINIANO

Freudianos: junguianos, reichianos, kleinianos, lacanianos. Todos psicanalistas?

Na teoria de Freud, é possível apontar alguns critérios que autorizam nomear uma prática como analítica, em detrimento de outros procedimentos em que o nome não faz a coisa. Sucintamente, a conceituação do inconsciente, por um lado, e a posição particular do analista frente à transferência no trabalho clínico, por outro, dividem as águas entre seus seguidores.

Mesmo com Freud vivo, a "liberdade de interpretação" produziu efeitos tão discrepantes que o mestre, pouco ecumenicamente, se viu na obrigação de exigir uma coerência doutrinária. Seu discurso, colocado como princípio de autoridade, ejetou Jung, Adler, Reich, Rank e outros do campo freudiano.

No entanto, após sua morte, tornou-se patente que os próprios conceitos de inconsciente e transferência, dentro dos limites traçados por seu criador, eram suficientemente amplos para permitir avanços em sua formalização — em grande medida, pelo aprimoramento da técnica e o acúmulo de experiência a partir da prática de psicanálise com crianças.

Foi assim que as propostas de Melanie Klein tornaram-se, depois de muita insistência, não só aceitas como oficiais no ensino da Sociedade Psicanalítica Internacional.

Mais tarde, surgiria na França o movimento de retorno a Freud, deflagrado por Jacques Lacan, visando recuperar a inspiração freudiana da prática analítica, tendo como consequências o questionamento e a reformulação da psicanálise, de fio a pavio.

Passados os anos, ficam Klein e Lacan como duas leituras de Freud, resultantes de maneiras diferentes de conceber a clínica, acrescidas das elaborações e conclusões próprias de ambos. Duas leituras, nem sempre convergentes, de uma mesma obra. Duas perspectivas que, a despeito dos desacordos, mantêm viva a descoberta freudiana sobre a radicalidade do inconsciente.

Radicalidade esta que subverte até mesmo, senão principalmente, o analista de hoje, que, ao cotejar suas preferências teóricas, não pode negar a sobredeterminação de sua opção. Pois o que faz um analista se decidir por Klein ou Lacan? Identificações, insígnias, gosto? Questão a ser elucidada na análise de cada um, embora a resposta já esteja presente na escolha do analista...

Todos, porém, se refrescam à sombra do velho Freud, patriarca venerado e introjetado, cujos emblemas os filhos dis-putam.

Situação exemplar que merece nossa atenção. Num enigmático artigo escrito na década de 1970, o analista francês J.P. Winter fazia um paralelo entre a leitura da obra de Freud por seus seguidores e a decifração do *Talmud*, a interpretação da *Torá* e as incidências do *Midrasch*. A analogia era para enfatizar que não é possível desconhecer os efeitos inerentes à retroação de um texto sobre outro. Quanto mais se há um terceiro.

Da mesma forma, qualquer especulação em torno das relações entre o pensamento de Klein e o de Lacan implica sempre correlacionar conjuntamente Klein com Freud e Lacan com Freud.

Embora contemporâneos, Klein nunca fez menção a Lacan. A recíproca, entretanto, não é verdadeira. Lacan foi um dos promotores das ideias kleinianas na França e, na época em que dirigia a revista *La Psychanalise*, nos anos 1950, publicou o caso do pequeno Dick. Comentaria esse texto em seu primeiro seminário, continuando a fazer referências constantes à psicanálise inglesa. Reconhecendo nela provada idoneidade clínica e, ao mesmo tempo, criticando seus achados teóricos, Lacan chamava Melanie carinhosamente de "Tripeira genial".

Dentro do marco conceitual lacaniano, o esquema kleiniano demanda algumas considerações, em termos de coincidência ou divergência. Em primeiro lugar, Lacan achava que a experiência da análise de crianças, valiosa e fecunda, levou Klein a se manter num nível de teorização de excessivo peso empírico. A observação dos lactentes, prática costumeira de sua escola, teve o mérito de proporcionar dados vivos do desenvolvimento infantil. No entanto, das descrições literais do comportamento dos bebês parece que são tiradas demasiadas conclusões na construção do sistema teórico, pois a formalização kleiniana se baseia na atribuição de um valor absoluto de verdade à vivência concreta, vista diretamente.

Pois bastante diferente foi a abordagem freudiana da infância: não pelo registro fenomenológico dos fatos, senão como reconstrução de uma história a partir das palavras dos adultos. A criança kleiniana e a freudiana não são a mesma; enquanto uma é o ponto de partida, a outra é o ponto de chegada. Decorrem disso posturas técnicas distintas, que situam o agir do inconsciente como presente imediato ou como passado contínuo.

Por outra parte, Lacan reeditou, em relação a Klein, a polêmica que tomou conta do movimento psicanalítico nas décadas de 1920 e 1930 em torno da fase fálica. Quando Freud, num acréscimo tardio a sua teoria sexual, introduziu o conceito de falo como articulador da dialética entre os sexos, provocou também uma reação de oposição em alguns analistas. O caráter estruturante da fase fálica foi contestado, principalmente por E. Jones, com argumentos kleinianos. Ao pressupor um conhecimento inconsciente da identidade sexual, colocada como um elemento de uma ordem biológica-natural, um dado imutável, não se pensou mais que fosse resultado de uma lógica determinada pela castração.

Deslocando o complexo de Édipo para o primeiro ano de vida, não teriam Melanie Klein e seguidores mudado a ótica freudiana, cujo eixo principal é o conflito da lei e do desejo, detonado pelo falo? Por essa via, o superego, também situado por Klein numa etapa precoce, deixa de ser, em seu sistema, o herdeiro do Édipo para se tornar seu simultâneo. O mesmo acontece com o ego, instância que, para Freud, não existiria de fato no início, vindo a ser desenvolvido só mais tarde.

Nessa direção, Lacan data seu começo da cristalização do ego, a partir da captura visual da imagem do corpo como totalidade, não antes dos seis meses. O estádio do espelho, sequência organizadora da dimensão imaginária, desdobra-se no tempo até os dezoito meses. Trata-se daquele "novo ato psíquico" anunciado mas não explicitado na *Introdução ao narcisismo*, o espaço intermediário entre o autoerotismo e as relações de objeto; momento que haveria de confrontar, no referencial kleiniano, com a passagem da posição esquizo-paranoide para a posição depressiva.

Voltando ao tema do Édipo, o discurso lacaniano prioriza a função do pai como vetor determinante. Função simbólica por excelência, a interdição do incesto funda o inconsciente, delimita os circuitos da libido e ordena as identificações. Não há naturalidade nenhuma no vínculo que une a criança à mãe, por essa relação mediada pela linguagem, presença ativa da cultura. Comparada com essa concepção, a paternidade, mola mestra do drama edipiano, não tem, na teoria de Klein, o mesmo relevo.

Em troca, a figura materna ocupa quase todo o palco onde se representa o destino do sujeito. A objeção que desde Lacan pode ser feita a Klein é a ausência, em sua doutrina, de um parâmetro simbólico que supere o plano do narcisismo. Se assim fosse, a validez das contribuições teóricas kleinianas ficaria restrita a só uma parcela da experiência humana, a que tem que ver com o registro do Imaginário.

Nesse sentido, pelo fato de Melanie Klein não ter se dedicado a precisar a ação e o campo da palavra e suas consequências, não se encontra, em sua obra, uma reflexão sobre a eficácia da linguagem. Para Lacan, essa questão era fundamental na definição da clínica analítica.

Last but not least, outra linha de fuga: o lugar metapsicológico que o analista ocupa na prática, como polo de atração do desejo inconsciente. A modalidade kleiniana enfatiza a interpretação exaustiva da transferência como objetivo da análise, sendo a pessoa do analista o alvo em torno do qual tudo é mirado. No estilo lacaniano, o analista opera na transferência, inseparável dela, explicitando sua presença apenas quando necessário, tentando ser tão neutro quanto possível.

Por outra parte, uma contribuição original de Lacan que não se encontra em Freud nem em Klein é o manejo do tempo da sessão em função da lógica do inconsciente, para além dos limites que o relógio impõe ao discurso.

Todas essas variações teóricas e práticas, incongruentes entre si, se baseiam em supostos comuns, embora suas consequências sejam assintóticas. A singularidade da psicanálise desdobra-se na multiplicidade de suas versões. Na esteira da experiência freudiana, a *via regia* de acesso à "outra cena" foi sinalizada de maneiras diferentes, praticamente opostas.

LACAN FILÓSOFO

A paranoia, sempre ela... Em 1914, na *Introdução ao narcisismo*, Freud escrevia: "... a queixa da paranoia mostra também que a autocrítica da consciência coincide com a auto-observação, na qual se baseia. Ou seja, que essa atividade psíquica, que tomou a seu cargo a função da consciência, também se colocou ao serviço da introspecção, que fornece à filosofia o material necessário para suas operações mentais. Isso deve ter incidência em relação aos estímulos para a formação especulativa de sistemas que caracterizam a paranoia".

Quando esse texto de Freud foi traduzido para o francês — tardiamente, na metade da década de 1960 —, um grupo de estudantes de filosofia da Faculdade de Letras de Paris entrou em pânico. Suas vocações os conduziam à paranoia? Ou, vice-versa: queriam ser filósofos porque paranoicos?

No impasse, Lacan foi consultado. Condescendente, respondeu-lhes, sem deixar, porém, de questioná-los por o terem procurado. A verdade que a filosofia busca encontrar-se-ia no saber da psicanálise? Não era essa sua opinião.

"A psicanálise não tem que dar conta do erro filosófico, como se a filosofia tivesse que se dar conta a partir de então", ironizou, recomendando-lhes em seguida que desconfiassem de sua precipitação em pedir respostas fora de seu âmbito específico.

De todo modo, não foi esse o único assunto abordado no diálogo de Lacan com os futuros filósofos. Eles o interrogaram sobre uma porção de temas que tanto tinham que ver com seu metiê quanto com a teoria dele, evidenciando assim que suas postulações não eram alheias a certos problemas centrais da atividade filosófica.

Não que Lacan fosse filósofo, nem sequer nas horas vagas. Só que, levando a sério os pontos capitais da psicanálise, mais de uma vez tinha se confrontado com o pensamento dos mestres do saber, sempre a partir de seu lugar de analista, embora interpelando, muitas vezes, seus sistemas de ideias. Pode-se até dizer que, de fato, em algum ou outro momento de sua obra tomou por interlocutor a todos e cada um dos grandes filósofos ocidentais, ora para concordar com eles, mas também para contestá-los, se necessário.

Para começar, Descartes. A partir da revolução freudiana, a representação cartesiana do sujeito como racional e centrado na consciência já tinha periclitado. Penso, logo sou...

Muito bem: mas quando acontecem coisas impensadas — por exemplo, sonhos, atos falhos, sintomas —, será que deixamos de ser? Não, disse Freud, é justamente ali que o ser se revela em sua verdade mais radical, ali onde, superando o controle da consciência, o desejo se manifesta como efeito de uma outra lógica, à qual deu o nome de inconsciente.

Lacan não fez outra coisa além de ser coerente com Freud ao reformular o *cogito* cartesiano da seguinte maneira: penso onde não sou, sou onde não penso. Ou seja, não sou ali onde sou joguete de meu pensamento; penso no que sou, ali onde não posso pensar...

Os desdobramentos dessa posição passam pela teorização do estádio do espelho como fase formadora do ego. Na identificação do sujeito com sua consciência, Lacan mostrou uma alienação fundamental do ser humano, uma miragem de autonomia imaginária cuja função, em última instância, seria a de desconhecer. Desconhecer o quê?

Basicamente, duas coisas que, no fundo, são uma só: que somos determinados por causas que escapam a nosso controle, e que disso nada queremos saber, preferindo as falsas certezas do narcisismo.

Assim, Lacan entendia que o sujeito verdadeiro não se confunde com a consciência; simultaneamente, ao se perguntar sobre a condição do desconhecimento subordinado à superdeterminação do inconsciente, o definia como sendo "o discurso do Outro".

Já Freud tinha chamado o inconsciente de "outra cena", numa expressão emprestada de Fechner, seu contemporâneo. Agora, quando Lacan escreve "Outro" com maiúsculo, a referência é Hegel.

Na década de 1930 teve lugar, em Paris, um curso sobre Hegel, coordenado por Alexander Kojéve. A fina flor da intelectualidade francesa do pós-guerra compareceu em peso: Merleau-Ponty, Dali, Sartre, Hippolyte, Bataille, Lévi-Strauss. E Lacan, na primeira fileira, atento para não perder nem sequer uma palavra de tudo aquilo que ouvia e achava afim com a teoria psicanalítica...

Em 1951, no decorrer de seu primeiro seminário, dedicado aos escritos técnicos de Freud, convidou Jean Hippolyte — filósofo dedicado ao estudo da obra de Hegel — para comentar um breve e denso artigo de Freud de 1925, chamado *Die Verneinung* (A denegação). Hippolyte, que até esse momento não conhecia o texto, surpreendeu-se com seu movimento dialético, confirmando a intuição lacaniana a respeito da possível articulação entre o pensamento hegeliano e o freudiano.

A partir daí, uma longa série de categorias hegelianas seria cooptada para a psicanálise, algumas derivando textualmente, e outras sofrendo uma reciclagem conceitual na passagem de discursos.

Sendo apenas possível, nos limites do presente trabalho, citar sem desenvolver tantas questões que mereciam maior atenção, enumeramos algumas das figuras hegelianas utilizadas por Lacan em sua teoria: a dialética entre o senhor e o escravo, o reconhecimento, a luta à morte, o prestígio, a lei do coração, a bela alma, o saber absoluto, a astúcia da razão, a mediação...

Pelo menos, acerca dessa última, resulta necessário falar um pouco mais. Segundo Lacan — que leu Freud desde Hegel através de Kojéve — a mediação é o eixo em torno do qual gira o tema do desejo. Em primeiro lugar, o desejo consistiria em querer ser desejado por outro. Ou seja, desejo de ser o objeto do desejo do outro. Mas não apenas isso, já que também deseja-se aquilo que o outro deseja, simultaneamente.

Como se tudo isso fosse pouco, acrescentemos que não quer dizer tão-só que o sujeito procure o objeto de seu desejo a partir da escolha do outro, senão que, além disso, o objetivo do desejo seria, em primeira e última instância, ser reconhecido pelo outro.

Pode parecer confuso, mas é a melhor maneira de entender o que se passa no interior do complexo de Édipo. Se a mãe é desejada, não é por nenhuma causa de origem biológica ou natural. Ela se torna desejável pelo filho porque primeiro foi desejada pelo pai. O desejo do sujeito, na situação triangular, é ser desejado por ela, assim como ser reconhecido pelo pai, cuja função interditora organiza as relações libidinais dentro da família.

Se, numa primeira época, Lacan considerou esse "outro" como sendo um outro sujeito, um semelhante, com quem ocorreriam todas essas mediações intersubjetivas, numa segunda, essa alteridade foi potencializada ao conceito de Outro, diferenciado pelo maiúsculo.

A distinção consiste em que o outro (com minúsculo) é sempre um alterego; que mantém com o sujeito relações de fraternidade: se coincidência, é o narcisismo; se discordância, agressividade. Sua origem remonta à fase especular de constituição do ego, correspondendo, por isso mesmo, ao registro imaginário.

Já o Outro não é um ser nem possui corpo ou mantém com o sujeito relações simétricas. Muito pelo contrário: o Outro determina o sujeito, e sem reciprocidade. Trata-se de um lugar, de um sistema, de uma referência lógica, de uma estrutura constituinte.

Pode ser exemplificado como sendo a linguagem, o inconsciente, a lei, a cultura. Esses termos não são sinônimos, tendo cada um deles sua especificidade, embora suas consistências conceituais sejam interdependentes.

Assim, a linguagem pode ser considerada como causa e efeito da cultura. A existência da cultura, por sua vez, decorre da lei (interdição do incesto), que diferencia seres humanos de animais. Já a lei não tem outro veículo além da palavra, do que resulta que a linguagem, então, seja a condição do inconsciente.

Sintetizando ainda mais — se isso fosse possível — esses reducionismos, chegamos às fórmulas lacanianas que se encontram na base da teoria: "O inconsciente está estruturado como uma linguagem" e "o inconsciente é o discurso do Outro". Ou, variação do mesmo tema: "O desejo humano é sempre o desejo do Outro".

Percebe-se o quanto esse conceito de Outro, tributário do registro do Simbólico, é rico em conotações hegelianas. Todavia, em sua elaboração, Lacan aproveitou algumas ideias de Heidegger.

Entre outras, a de que a linguagem constitui o homem, e não o contrário. Longe de ser o lugar centrífugo de onde emergeria a fala, o sujeito seria "sujeitado" pela palavra.

Em 1956, no primeiro número da revista *La Psychanalyse*, aparece uma tradução do artigo "Logos" de Heidegger, assinada por Lacan.

Depois, o "ser-para-a-morte", uma das conclusões da ontologia fundamental heideggeriana, se inclui no discurso lacaniano como a assunção, pelo homem, de seu desgarramento original. Coisa possível só no fim de uma análise, cujo saldo Lacan denominava "subjetivação da morte".

Mesmo que Heidegger não possa ser considerado um filósofo existencialista, até certo ponto sua doutrina forneceu a Jean-Paul Sartre alguns elementos capitais para suas reflexões, como os temas da morte, do ser, do nada etc.

Lacan, amigo pessoal de Sartre, nunca poupou o existencialismo de críticas e ironias. Achava que essa corrente de pensamento desembocava fatalmente nos becos sem saída de uma subjetividade que — centrada na autonomia fictícia da consciência — não era mais do que uma versão moderna do cartesianismo, uma espécie de racionalismo trágico. Por exemplo, a ideia de que a liberdade nunca se afirma tão autenticamente como entre os muros de uma prisão era, para Lacan, a prova definitiva da impotência da pura consciência existencialista para superar qualquer situação, a não ser de maneira ilusória.

Na apologia platônica da caverna, os homens também estão presos, acorrentados, sem outra possibilidade que não a de tomar por verdadeiras as sombras das silhuetas que desfilam perante eles. Instrutiva metáfora do Imaginário, diria Lacan: não é, como pensava Sartre, que os outros "roubam nosso eu" senão que, pelo contrário, deles o recebemos...

Bem-vindo foi Platão. Lacan sempre insistiu na necessidade de voltar a ler os clássicos, recuperando, do pensamento tradicional, as verdades que poderiam expandir o saber da psicanálise. Seu seminário de 1960, dedicado ao tema da transferência, foi estruturado em cima de um comentário de *O Banquete*, diálogo preciso sobre a questão do amor.

"Não procuro, encontro", afirmava Lacan, parafraseando Picasso. Encontrou Heráclito, antes; Plotino, depois. Encontrou Aristóteles, discípulo de Platão...

Dele, do texto da *Física*, resgatou o termo de *Tyché*, cuja tradução, como acaso, parecia-lhe imprópria. Mais correto seria, justamente, encontro. *Tyché*: o encontro do real; categoria aristotélica referida ao problema da causa, para além do *automatón*, que definiu como um retorno, uma volta insistente dos signos, compelida pelo princípio do prazer.

Assim como essas formulações serviram para que Lacan trabalhasse o conceito freudiano de repetição, quando achou necessário pensar a ética da psicanálise num seminário, um dos textos utilizados foi a *Ética a Nicômaco*.

Por que e para que essa preocupação com a ética, na psicanálise?

A posição lacaniana é atribuir ao inconsciente um estatuto não ôntico, senão ético; questão não posta em evidência por Freud, se bem que — ao pensar acerca do desejo e sua relação com o superego — a referência dele tenha sido o imperativo categórico kantiano.

Qual seria a articulação entre o desejo e a lei, sendo esta última a condição do primeiro?

A reflexão de Lacan sobre esses assuntos se serviu do pensamento de autores tão aparentemente dissímeis quanto Kant e Sade. No começo da década de 1960, devia aparecer uma edição do livro *La Philosophie dans le boudoir*, do Divino Marquês, e a editora encomendou a Lacan um texto seu para servir de prefácio. Ele redigiu então "Kant com Sade", talvez seu escrito mais difícil.

Nele, a fórmula anterior que definia o desejo como sempre do Outro ganhou maior precisão, com a demonstração de que a lei e o desejo recalcado formam — em definitivo — uma unidade.

Um outro autor, cuja citação em relação à ética resultou imprescindível, foi Spinoza. Dele, Lacan endossou a afirmação de que o desejo constitui a essência do homem, acrescentando ser, justamente, o desejo o que estrutura a realidade do homem.

Enfim, a lista dos filósofos aludidos pelo discurso lacaniano parece infindável, mostrando, além de erudição, como foi necessário interrogá-los a partir da perspectiva da psicanálise para poder delimitar a especificidade dela em relação a tantos temas correlatos.

Rapidamente, mais alguns: Santo Agostinho, cujo *De Magistro* — especialmente, o capítulo *"De significatione locutionis"* — é citado por Lacan como sendo a base de sua concepção linguística; Angelus Silecius; os místicos Santa Tereza e São João da Cruz; Baltazar Gracián...

Não só: também os lógicos Wittgenstein, Roussell, Boole, Merleau-Ponty, a quem dedicara um escrito *in memoriam*, e cujo *Visível e invisível* fora comentado num seminário.

Nesse mesmo seminário, sobre os quatro conceitos fundamentais da psicanálise, Lacan foi interrogado por um dos participantes a respeito de qual seria a ontologia — a questão do ser — implícita em sua teoria. Além do manifestado na ocasião, a pergunta só seria completamente respondida anos mais tarde, com uma única palavra: *parlêtre*.

Esse termo, em francês, condensa dois verbos, *parler* e *être*, falar e ser — e um substantivo, letra, e metaforiza explicitamente a versão de Lacan sobre o problema do ser. Designaria aquele que habita a língua, ao humano que fala, na medida em que diz ser.

Interessante que, ao ser vertido ao português como "falesser", esse neologismo ganha um sentido extra: a morte, dimensão indefectível da existência.

Dizer "ser humano falante" pode até parecer redundância — já que somos propriamente humanos porque falamos —, então nossa condição de "falesseres" nos situa, como sujeitos desejantes determinados pela linguagem, perante a morte, o Outro absoluto.

E se a filosofia, mais do que uma procura do saber, é a busca da verdade, além das aparências, podemos concluir afirmando que Lacan, psicanalista, também foi, a sua maneira, filósofo.

Porque ali onde o paranoico fracassa, como diria Freud, foi-lhe dado o êxito.

LACAN MESTRE

Imagine o leitor essa sequência de cenas: a ação transcorre num fim de tarde de um dia qualquer, em Paris, na década de 1970. O cidadão típico termina mais uma jornada de trabalho. Sua vida é pautada pela rotineira trindade do *bulot--metrô-dodô* (trabalho-condução-descanso). Ao chegar em casa e antes de dormir, decide assistir a um pouco de televisão. Liga o aparelho e... quem aparece na tela? Yves Montand, De Gaulle, Brigitte Bardot?

Não: a imagem mostra um idoso porém bem conservado senhor, psicanalista de profissão, contrapondo ironicamente respostas incompreensíveis às perguntas sutis de seu interlocutor.

O francês médio suporta escassos minutos do programa, até seu espírito racional dizer "basta!", desliga e vai deitar-se. Podemos, inclusive, pensar que mais de um, naquela noite, deve ter sonhado com Lacan...

Essa pequena ficção serve para ilustrar um episódio verídico e introduzir uma outra faceta do personagem em questão. Com efeito, em 1973, a Rádio e Televisão Francesa (RTF) promoveu uma entrevista com Lacan, que, na frente das câmeras, nada fez para aplanar seu estilo alambicado de falar, ou facilitar o acesso da audiência a seu discurso.

Para quem já o conhecia, provavelmente o programa foi muito interessante. Para o telespectador comum, porém, sua presença na TV confundiu-se, talvez, com a de um palhaço, ainda que intelectual.

A situação toda não deixa de ser um tanto exótica. Como, numa outra ocasião anos antes, quando aceitara um convite para falar no rádio. Ou como, anos depois, quando daria entrevistas a jornalistas abelhudos. O que o psicanalista teria a ver com os meios de comunicação?

Claro está, não se tratava de um analista qualquer, senão de um muito especial que, por não limitar sua prática ao espaço fechado das quatro paredes do consultório, tinha-se tornado uma figura notória.

Assim como no cotidiano, em seu lugar de analista Lacan dedicava-se essencialmente à função da escuta; em contrapartida, manteve também, durante grande parte da vida, o compromisso de falar publicamente para quem quisesse ouvi-lo.

Quando, nos primeiros anos da década de 1950, Lacan instituiu seu seminário, eram os psicanalistas os destinatários de sua palavra. Estes esperavam dele um saber elaborado sobre a psicanálise que lhes abrisse as portas do legado freudiano. Mas não era apenas isso o que sua voz veiculava. Muito mais: além da teoria de Freud, milhares de articulações com outros discursos científicos, referências literárias, raciocínios lógicos, discussões teológicas, reflexões filosóficas e mais, ainda mais...

Como uma fonte inesgotável, o ensino de Lacan foi atraindo, com o correr do tempo, a atenção de muitos outros, além dos analistas. Seu seminário sempre foi aberto a todos, e um público composto de poetas, filósofos, artistas, estudantes e curiosos em geral acotovelava-se democraticamente, de quinze em quinze dias, para ouvir o que ele tinha a dizer.

A partir do momento em que Lacan se incumbiu da tarefa de trazer de volta a coisa freudiana, nunca deixou de realizar seminários, mesmo durante os tensos períodos de querelas institucionais. Fiel a seus seguidores, quem quer que fossem, mas sempre com a intenção de questionar os fundamentos da psicanálise, estabeleceu com eles uma dimensão de mestria sobre a qual vamos nos deter um pouco.

Não por acaso, na reunião inaugural de seu primeiro seminário, Lacan começava citando o exemplo do mestre Zen como modelo de sua atuação ali. Contudo, ser mestre não depende de uma decisão unipessoal. Mestre é aquele a quem os que se dizem seus discípulos reconhecem como tal, e situam no lugar da sabedoria, esperando dele a revelação de alguma verdade. Ele, por sua vez, deve dar provas, constantemente, de se achar à altura da função que aceita encarnar.

Como ilustração disso, um eminente predecessor de Lacan, alguns séculos antes, foi o alquimista Alberto Magno. Toda semana, centenas de pessoas reuniam-se em praça pública, desejosas de conhecimentos, para escutar atentamente suas elucubrações sobre astrologia e medicina. E Place Malbert (condensação de Magnus Albertus) foi o nome que a história guardou para o lugar em Paris onde isso acontecia.

À diferença de Freud, que poucas vezes apresentou-se "ao vivo", a transmissão oral foi a marca registrada de Lacan. Voz ativa no que toca à disseminação da teoria analítica, aproveitou simultaneamente para difundir seu pensamento e interpretar os fenômenos da cultura. Entretanto, em que se autorizava para fazer isso?

Por um lado, seu desejo não era alheio aos esforços que implicava sustentar um discurso consistente por anos, décadas a fio. Segundo suas próprias palavras, não lhe era possível deixar de pagar a dívida simbólica que contraíra com Freud, sua referência constante.

Por outro lado, o fato de ter ouvintes, ou seja, a presença de uma dimensão de alteridade, do Outro representado pela numerosa plateia que constituía seu auditório e que, de certa maneira, o exigia cada vez mais. Achava que seu dever era levar até o fim as consequências da descoberta do inconsciente, muitas vezes procurando suas manifestações fora do âmbito da clínica, na leitura dos sintomas sociais, culturais e políticos.

Por exemplo, foi enfático, em várias ocasiões, na condenação do nazismo, circunstância que, mais que um fato histórico, parecia-lhe uma sinistra qualidade potencial do ser humano. Correlativa a isso era sua preocupação pela ética, tentativa de reflexão sobre o poder da lei como função normativa, única possibilidade de limitar a agressividade intrínseca do homem e sua vocação pelo poder.

Em relação ao marxismo, considerava tratar-se de um novo evangelho, uma boa nova de uma velha ilusão de um futuro melhor. Ou seja, era bastante cético a respeito — como também crítico, ao se referir à religião.

Nesse sentido, em relação ao cristianismo, Lacan se posicionou igual a Freud perante o judaísmo: não como crente, senão como analista. Achava que a tradição religiosa podia ser interpretada do mesmo modo que as formações do inconsciente, na análise dos efeitos sintomáticos.

Enfim, houve um momento em que o ensino de Lacan foi permeado pela força da História. Foi em maio de 1968, quando a estrutura social francesa balançou sobre o eixo cartesiano. Além dos fatos, cujo registro daria um farto anedotário, houve uma consequência imediata em sua produção: datam daquela época seus "quatro discursos", formalização teórica cuja elaboração decorreu dos acontecimentos.

Concebendo o discurso como laço ou liame social estabelecido pela insuficiência do gozo, Lacan diferenciou quatro modalidades de articulação entre o sujeito da enunciação, seu desejo e a relação com a verdade. São eles: o discurso do senhor (ou amo ou mestre), o discurso universitário, o discurso analítico e o discurso da histérica. Os três primeiros correspondem às três tarefas impossíveis, segundo Freud: governar, educar e psicanalisar. O quarto tem que ver com uma outra impossibilidade: amar e se fazer amar.

O discurso da histérica tematiza, impotente, a insatisfação do desejo no ser humano, dividido pela linguagem. O discurso universitário, por sua vez, personaliza o saber competente, que tudo pretende explicar e sistematizar. O discurso do senhor é arbitrário, porque não reconhece outra lei que a própria, e alienante, pois seu efeito é determinar o destino do outro. Seu avesso é o discurso analítico, cuja finalidade é exatamente o contrário: colocando o desejo em causa, através da interpretação, liberta o sujeito e o confronta com sua verdade.

Esse arcabouço conceitual, sofisticado ao extremo, funciona, segundo uma determinada lógica, com os elementos da álgebra lacaniana, fruto de anos de trabalho teórico. Sua utilidade ultrapassa os marcos da psicanálise: não só os analistas se serviram deles, como também um grupo de intelectuais de outras áreas que frequentavam o seminário, e que mais tarde seriam chamados de "novos filósofos". O interesse no assunto radica em que, a partir da distinção dos discursos, torna-se possível analisar os motivos não manifestos de qualquer enunciado sem confundir a pertinência e o alcance de cada um deles.

De tudo isso, pode ficar a ideia de que, em definitivo, o ensino de Lacan teria sido predominantemente verbal, a ponto de existir um circuito de divulgação dos textos das aulas do seminário, que circulavam — e ainda circulam — em apócrifas versões piratas. Mas não foi essa a única nem a mais importante perspectiva da obra lacaniana. Em última instância, sua produção escrita foi sempre considerada a base de sustentação da sua oratória.

Já nos primeiros anos como psiquiatra, Lacan dedicara-se a escrever artigos científicos, a começar pela tese de doutorado. Datam daquela época trabalhos como *Esquizografia* e *Problemas de estilo*, situados no limiar com o campo específico da literatura. Mais tarde, no âmbito da psicanálise, uma copiosa quantidade de textos, publicados em revistas esparsas, marcou ano após ano o percurso de seu pensamento. Finalmente, em 1966, foi publicado um grosso volume, com o título de *Escritos*, reunindo o realizado até então.

Cada um desses escritos desenvolve uma série de ideias e articulações em torno de algum tema, sem guardar, necessariamente, relação entre si. Trata-se de uma obra descontínua. Contudo, o livro contém um índice sistematizado dos conceitos, que junta logicamente assuntos e questões através dos diversos textos, estabelecendo uma continuidade.

É possível afirmar que foi só com a publicação dos *Escritos* que o discurso de Lacan se transformou numa teoria estruturada, graças à ordenação formal proporcionada pelo índice, cujo autor, curiosamente, não foi ele.

Coube essa tarefa a Jacques-Alain Miller, jovem intelectual de formação lógico-filosófica, casado com sua filha Judith. Miller fez um brilhante trabalho como produtor, tanto dos escritos quanto do estabelecimento do registro oficial dos seminários. Seu papel, a respeito da obra de Lacan, tem se estendido com o passar dos anos, ao ficar a seu cargo a responsabilidade de divulgar e organizar sua herança.

A partir do momento em que os *Escritos* começaram a circular pelo mundo afora, no original ou traduzidos, abriu-se uma nova etapa na difusão do lacanismo. Antes, só tinham acesso a ele os que o rodeavam e podiam ouvir sua palavra diretamente. Depois, criou-se uma nova variedade de discípulos, aqueles que chegavam a ele através da escrita: os leitores. Em particular, compõem-se, pela grande maioria, dos analistas que nas Américas se referem — em suas práticas — a seu ensino, sem tê-lo conhecido pessoalmente: os "lacano-americanos".

A dimensão literal da obra de Lacan é a salvaguarda concreta da transmissão de seu ensino, além do fascínio imaginário que sua figura cativante possa ter provocado naqueles que tiveram a oportunidade de participar de sua destreza magistral. Se, como dizia Freud, a escrita é a presença do ausente, o legado de Lacan são as letras com que tentou perpetuar seu estilo.

UM POR UM:
A POLÍTICA DO GRÃO DE AREIA

A psicanálise constitui a indagação mais profunda sobre a questão do ser do homem e sua verdade. Não é de espantar, portanto, com a quantidade de efeitos que ela tem produzido nos outros campos do conhecimento humano, principalmente nos últimos tempos.

Existe, porém, um aspecto sistematicamente ligado ao fracasso, e nisso nem Lacan foi exceção. Trata-se do problema da formação dos analistas e a função das instituições na transmissão do legado freudiano. Problema de longa data: a Sociedade Internacional, fundada pelo próprio Freud, nasceu já estigmatizada, pois a criação do "comitê" para garantir a integridade da verdadeira psicanálise evidenciava o divórcio da teoria dos marcos burocráticos.

Por outra parte, no que tem que ver com o vínculo do analista com a instituição à qual pertence, Freud já tinha sugerido — na época da Sociedade de Viena, em 1907 — que de dois em dois anos a Sociedade se dissolvesse, voltando em seguida a ser refundada apenas com aqueles que o desejassem. Maneira elegante de permitir a saída dos descontentes e possibilitar a reafirmação do compromisso dos interessados.

É óbvio que dificuldades institucionais não são exclusividade. Como mostra a experiência, em todos os grupos humanos organizados em torno de objetivos comuns coexistem forças aglutinantes e forças dispersivas, resultando em conflitos internos.

Por isso, as hipóteses freudianas do estudo da psicologia grupal podem ser de utilidade ao se pensarem esses problemas.

Os mesmos mecanismos libidinais responsáveis pela coesão de massas, como o exército e a Igreja, intervêm igualmente na constituição das sociedades psicanalíticas: todas essas organizações se mantém unidas pelo amor de transferência dos participantes e a idealização do líder.

Acontece que os analistas, por terem — em suas próprias análises — resolvidos seus conflitos transferenciais, pouco se prestam a aceitar situações de submissão hierárquicas.

Existem outros motivos intrínsecos que, por mais que se tentassem diversas soluções, sempre acabaram sendo motivo de divergências. Nesse caso, estamos nos referindo a tudo aquilo que genericamente concerne à perpetuação da análise, de sua teoria e sua prática.

Decididamente, a psicanálise não é um dogma, nem se trata de um artigo de fé. No entanto, mais de um desvio por causas doutrinais aconteceu, às vezes, quando algum analista ousou ir além dos parâmetros consagrados, inovando, ou, tão-só, criticando o estabelecido.

Por outra parte, e ao mesmo tempo, certos problemas específicos entram em curto-circuito no que toca à formação dos analistas.

A partir de 1927, foi colocada como exigência, para aquele que queria ser analista, a necessidade de passar primeiro pela experiência da análise, pacientemente. A respeito desse requisito sempre houve unanimidade de opiniões, por ser considerado o pivô do aprendizado, o qual se completava com o estudo teórico e a supervisão de casos atendidos pelo candidato a analista.

Contudo, embora esse "tripé" didático não fosse questionado, conflitos surgiram em relação à regulamentação formal que se fez dele dentro das diversas instituições.

Mostrando a história da psicanálise pós-freudiana, vimos que um dos principais questionamentos do *status quo* do edifício da transmissão foi desenvolvido por Lacan. Batalha travada ao longo dos anos, que implicou sua saída de uma sociedade analítica, para estabelecer outra, no esforço renovado de dar conta seriamente da continuidade da obra de Freud.

Ao fundar, em 1964, sua Escola Freudiana de Paris, Lacan pretendia criar um espaço onde não apenas ecoasse sua palavra, mas também onde os analistas pudessem se vincular de uma maneira diferente da convencionada nas academias com as quais tinha rompido.

Sua Escola seria em tudo diferente dos institutos tradicionais. Era necessário determinar a possibilidade de compreender melhor o porquê de alguém submetido a análise chegar a saber se está em condições de assumir o papel de analista. O que, no fundo, apontava menos para os problemas cartoriais e mais para o tema, essencial, do desejo.

Propôs então um novo estilo de percurso subjetivo, com um sistema apurado de garantias, que visava ao redimensionamento da questão de "ser analista" e seu reconhecimento coletivo como tal. Esse procedimento, chamado de "passe", foi a tentativa mais radical de fundamentar a formação dos analistas segundo parâmetros específicos, e não estereotipados.

Como os psicanalistas se fazem um a um, a série produzida pelo conjunto deles implica sempre um primeiro. Esse fato impôs para Freud, dentro de raciocínios afins, a necessidade de se referir à noção de "originário", tradução do *Ur* alemão, presente nas "fantasias originárias", "recalque originário" etc. Haveria que cogitar, então, num "Ur-analista"? Seria ele uma premissa universal, ou pertenceria à ordem da existência?

Por esse viés, numa Escola, supõe-se que os que seguem ao fundador deveriam dar provas de que são fiéis aos princípios estabelecidos por este sobre o que é a psicanálise. Ou seja, os segundos têm que provar que são da Escola do primeiro.

Todavia, e bem aquém do inquérito do que seria uma Escola, antecede uma pergunta capital: o que é um psicanalista? E seus desdobramentos: como, quando e por que alguém chega a ser psicanalista?

Se, antes de Lacan, um analista podia ser nomeado como oficial, somente o era por ter sido aprovado por uma instituição, no caso as afiliadas do IPA, pelo mérito de o candidato ter cumprido as normas exigidas pelos critérios convencionados, o que colocava principalmente em foco o valor a ser dado às análises ditas didáticas.

Note-se que nenhuma agrupação escapa ao procedimento de definir critérios, porém o que se operou com a intervenção de Lacan foi o deslocamento do acento nos produtores autorizados de analistas, os chamados didatas, para seus produtos, as didáticas.

Essa mudança radical de ponto de vista constitui o cerne da "Proposição de 9 de outubro de 1967 sobre o psicanalista da Escola". Nela, Lacan promove um axioma fundamental como primeiro ordenamento cabal: "O analista se autoriza por si mesmo". Acrescentando em seguida: "Isso não exclui que um psicanalista dependa de sua formação".

A afirmação de que a autorização do analista só dele decorre, elevada à categoria de princípio, rompe frontalmente com os modelos tradicionais. Destarte, uma psicanálise "didática" não garantiria por tabela um psicanalista, ou melhor, uma psicanálise não seria didática pelo fato de ser de ter sido efetuada por um didata; em outras palavras, o analista não se autorizaria por seu analista.

O psicanalista qualifica a si mesmo, daí podemos dizer que não há didatas, mas pode haver análise didática. Ou, ainda: deverá haver psicanálise, não obrigatoriamente psicanalista.

O que seria, então, nessa perspectiva, um psicanalista? Diz a "Proposição...":

> "Com o que chamei o fim da partida (análise) nos encontramos no coração da fala desta noite. A terminação da psicanálise chamada redundantemente de didática é a passagem, com efeito, do psicanalisante a psicanalista."

Assim Lacan resolve a incógnita do que seria um analista: o que se produz numa análise, mediante uma passagem. Deduz--se que não seria possível verificar psicanalistas mas somente análises. E nisso consiste a ousadia da "Proposição", iniciativa que foi vista na época como um dos atos mais inovadores da história da psicanálise, em matéria de formação.

A mutação do analisando em analista, se autorizando por si próprio, seria a "consequência lógica da supressão da hierarquia em benefício do grau (...) em função da primazia atribuída à ordem teórica". Formaliza-se assim o que se desprende da instância clínica, sinalizada na alusão ao mito edipiano, e a vivência da castração.

À pergunta de como conferir a passagem de analisando a analista Lacan responde com a sugestão do que depois seria concebido como "procedimento do passe", a "tradução institucionalizada da experiência":

> "De qualquer lugar poderia então ser esperado um testemunho justo sobre aquele que franqueia este passe, senão de um outro que, como ele, o é ainda, este passe quer dizer que está presente nesse momento o desser onde seu psicanalista guarda a essência do que lhe passou como um luto, sabendo assim, como qualquer outro em função de didata, que também a ele isto já vai passar (...)
> "É isto que lhe proporei de imediato como o ofício a confiar para a demanda de tornar-se psicanalista da Escola a alguns que nela denominaremos (...)
> "É a eles que um psicanalisante, para fazer-se autorizar como analista da Escola, falará da sua análise — e o testemunho que saberão colher do núcleo mesmo do próprio passado será daqueles que nunca recolhem nenhum júri de aprovação. A decisão de tal júri se veria assim esclarecida, ficando entendido, no entanto, que estas testemunhas não são juízes."

O passe, então, teria uma dupla acepção: seria tanto o momento em que o psicanalisante, em sua análise, vira analista por assim o desejar, quanto o mecanismo institucional e corporativo inventado para aferir essa passagem.

O procedimento do passe não foi tornado obrigatório, e aqueles que se submeteram a ele, quando aprovados pelo júri, receberam o título de Analista da Escola (AE), um dos graus estipulados por Lacan.

O princípio dessas transmutações era articulado dentro de uma lógica em que o "passante" pudesse fornecer um relato de sua análise a dois "passadores" escolhidos por sorteio, endossando eles sua escuta a um júri, a quem caberia a nomeação.

O dispositivo, organizado segundo essa concepção, tinha por objetivo garantir os analistas formados pela Escola, mas também, conjuntamente, pretendia examinar os finais das análises, para mais tarde poder, eventualmente, fazer uma teoria a respeito.

Apesar da acolhida inicial, nem todos os membros da Escola aceitaram a proposta do passe, alegando motivos teóricos, organizativos e até pessoais. E, na própria instituição de Lacan, houve também a separação de um grupo de dissidentes: em 1969, dez analistas retiraram-se da EFP, fundando o "Quarto Grupo", assim chamado por ser a quarta cisão do movimento psicanalítico francês.

Por mais bem elaborada que estivesse, a saga do passe não mostrou sua eficiência e não foi possível, por esse meio, consolidar o novo modelo de reconhecimento. As causas desse fracasso, porém, podem ser esclarecidas, na medida em que o projeto estava solidamente construído, de acordo com alicerces consistentes, embora tenha resultado inútil num primeiro momento.

Talvez a presença óbvia de Lacan, mestre e fundador, participasse do insucesso de sua proposição. A necessidade do homem de seguir um líder, decorrente da estruturação psíquica de seus ideais, faz que essa relação seja marcada, de maneira ambivalente, pelo amor e pelo ódio. O que dá lugar a reações de rebeldia, frente a qualquer situação que o coloque numa posição de passividade perante o desejo do outro.

Quem sabe tenha sido o que aconteceu dentro da Escola Freudiana de Paris, que começou a se esfacelar na medida em que avançavam as diretivas de Lacan.

Chegou-se a um momento de impasse. Depois de ter feito a crítica da formação analítica oficial, e além de tê-la sistematizado de maneira diferente, o ensejo não rendeu os frutos esperados.

Foi então — começos de 1980 — que Lacan preferiu pôr fim a seus esforços dentro daquele marco institucional. Drasticamente, dissolveu sua Escola, em meio a um estardalhaço jornalístico. Não sendo possível garantir a transmissão, era melhor acabar, para poder recomeçar.

Assim, pouco antes de morrer, o velho mestre perseverava na fundação de mais um agrupamento de analistas, a Escola da Causa Freudiana, que ainda hoje sobrevive a ele, difundindo seu ensino.

No entanto, e não sem amargura, durante o processo de dissolução — como Freud, que em 1907 queria acabar e voltar a formar sua Sociedade —, Lacan propôs que os analistas, para poderem se manter fiéis a princípios e não a pessoas, tal qual um monte de areia, ao sabor dos ventos, se juntem e se separem, periodicamente, colocando os supostos políticos sempre em pauta. Seria essa uma maneira de evitar que as hierarquias se eternizassem em seus cargos, e que os critérios conceituais se transformassem em letra morta. Mas o problema subsiste, na medida em que, por um lado, em curto ou longo prazo, qualquer sociedade psicanalítica acaba fadada a sucumbir sob suas próprias contradições. Por outro lado, os analistas precisam desses andaimes, mesmo invisíveis, para pautar seus percursos e garantir suas práticas.

No entanto, a psicanálise não se confunde com os organismos que pretendem ser seus representantes. Independentemente das políticas em seu redor, ideias como a de Lacan permitem, atualmente, questionar os efeitos da empreitada freudiana, além das conveniências dos grupos que pretendem ser seus únicos porta-vozes.

Provavelmente o principal legado lacaniano, em relação a isso, tenha sido propor uma formalização da psicanálise, que, dentro do rigor teórico, possibilita isolar e pensar as consequências éticas da formação do analista, separadas das estruturas institucionais que a suportam.

No que diz respeito ao problema do passe, trata-se, ainda hoje, de um assunto não resolvido por completo. Seria, antes de mais nada, uma hipótese, destinada a dar conta do desfecho lógico da passagem de analisante a analista, a ser constatado em cada análise, só depois denominada didática. Parafraseando Isaac Asimov, para quem "hipóteses são desejos, e hipóteses científicas, então, seriam desejos inteligentes", é de esperar que, num futuro próximo, a intuição lacaniana permita elucidar o momento de conclusão da travessia do fantasma, com a correlativa destituição subjetiva que condiciona a legitimidade do lugar do analista. Por enquanto, a eficácia do passe, como instrumento de verificação, resta para ser verificada.

LACAN SUPER-HERÓI

Um filme é como um espelho, uma superfície luminosa onde tudo pode vir a ser projetado. Há uma única coisa, porém, que nele nunca se reflete: o corpo do espectador, personagem excluído, ausente do campo visual.

Mesmo assim, um outro tipo de exclusão subjetiva acontece naquela circunstância que Freud denominava "cena primária", quando a criança flagra os pais no exato momento do ato sexual. Não podendo fazer parte da situação, aqui também o sujeito fica de fora, reduzido ao papel de voyeur.

É por isso que a única reação que um filme como *O império dos sentidos*, de Nagisa Oshima, não provoca é indiferença. Deparando com uma sequência de imagens hiper-realistas que mostram o gozo em sua realização mais extremada, para além dos limites que separam e aproximam o sexo e morte, o espectador é atingido em sua capacidade de espanto. E ninguém pode evitar o confronto com o enigma da paixão alheia, exposta, nua e crua, à curiosidade de cada um.

Lacan aconselhava assistir a esse filme para se ter uma ilustração de suas ideias fundamentais sobre o louco desvario da tragicomédia erótica entre os sexos. Da mesma maneira que Freud, mais de uma vez, citara exemplos tirados da literatura para falar da psicanálise, a referência ao cinema é igualmente pertinente e eficaz pelo fato de sua dimensão ilusória se prestar à perfeição para criar uma realidade fictícia. Os filmes têm uma estrutura — condensação do argumento e da expressão plástica

— que pode ser analisada em termos significantes, permitindo interessantes leituras.

Dessa forma, outros diretores "lacanianos", como Buñuel ou Polanski, convidam-nos, através de seus filmes, a adentrar as fantasmagorias do inconsciente. E os esquemas teóricos de Lacan permitem interpretar e acirrar especulações. Os conceitos que forjara durante uma vida inteira dedicada à psicanálise são, atualmente, de enorme valor para se pensar tudo que concerne ao homem e suas manifestações.

Com o correr dos anos, é bem provável que parte de seu espólio não venha a ser utilizado, ficando sem desenvolver, ou seja simplesmente esquecido. Foram tantos os assuntos por ele abordados que talvez apenas alguns, com o passar do tempo, se tornem frequentes. Em nossa opinião, muito do que Lacan falou desapareceu junto com sua polêmica pessoa. Do que ficou, algumas questões já são pontos de não retorno no pensamento ocidental, verdadeiros cortes epistemológicos.

Particularmente, isso se dá com sua teorização dos três registros: o Simbólico, o Imaginário e o Real. As ciências ditas humanas, como a antropologia, a linguística, a psicologia, e também a lógica e a medicina, não podem deixar de levar em conta as consequências da função do inconsciente; nesse sentido, as contribuições lacanianas são absolutamente relevantes.

Por outro lado, o exato valor conceitual de algumas das articulações que poderiam ser "importadas" por outros discursos deve ser sempre referido ao campo específico da psicanálise, por ter tido ali sua origem. Essa delimitação é imprescindível para evitar qualquer pretensão de *westalschuung*, esse tipo de "concepção do mundo" que Freud já colocara como sendo incompatível com a psicanálise.

Fiel a si mesmo, Lacan nunca pretendeu constituir um sistema completo de sua doutrina. Antes pelo contrário, sabia que seu discurso abria tantos caminhos e perspectivas que seria impossível padronizar suas formulações e considerá-las uma teoria organizada. Em todo caso, deixou essa tarefa para os leitores de sua obra, que poderão ou não encontrar uma congruência nela.

Embora trivial, devemos fazer a distinção entre o sujeito Jacques Lacan, gênio e figura, e suas ideias, que, se bem foram seus produtos, independem de sua pessoa. Um bom exemplo disso foi a questão das mulheres, uma de suas preocupações constantes. É muito mais importante conhecer as especulações teóricas de Lacan sobre a diferença sexual e suas implicações do que se dedicar a xeretar sua vida íntima para descobrir seus *affairs* amorosos. Com o mesmo critério, é menos importante o charuto torto que gostava de fumar, ou suas gravatas-borboleta, do que sua obra, que foi muito além das banalidades mundanas.

Por isso, este texto — que mais que uma biografia formal é uma galeria de caracteres — encerra-se com um último: o de super-herói. Porque, de fato, como a tantos outros personagens, podemos atribuir a Lacan uma personalidade pública e uma identidade secreta.

Da identidade secreta, pouco quisemos falar, respeitando sua intimidade. Da personalidade pública, continua havendo uma longa série de facetas que poderiam ser destacadas. Tal seria o caso do Lacan viajante, deslocando-se pelos países europeus para difundir seu ensino, chegando até terras americanas, no final de sua vida. Ou Lacan estruturalista, como foi considerado em certa época junto com outros medalhões da intelectualidade francesa contemporânea: Lévi-Strauss, Foucault, Barthes, Althusser. Sem esquecer o Lacan místico, como ele próprio se intitulava, interessado em Santa Teresa e no gozo. Assim também foram tantos outros papéis que Jacques-Marie Émile Lacan representou até sua morte, momento em que seus atos deixaram de projetar sombras.

A eficácia simbólica da construção psicanalítica — no sentido que Freud dava ao termo — decorre, em grande medida, de sua verossimilhança. Entretanto, ainda que a conjetura não exclua o rigor, a precisão não é garantia da certeza.

À diferença das hipóteses, não é necessário que as ficções sejam confirmadas ou refutadas pelos fatos: por mais que o Outro dê as cartas e o acaso tenha leis matemáticas, o inconsciente sempre faz trapaças. Porque através do espelho, no domínio do conhecimento paranoico, a realidade é digitada como uma ficção...

MAIS, AINDA...

Como numa novela, no último capítulo sempre se encontram o vilão e o herói. E é nesse enfrentamento que a verdade, por todos perseguida, ou para escondê-la ou para mostrá-la, é revelada.

Após censurar exaustivamente a versão norte-americana da psicanálise, colocando-a como paradigma da anulação da descoberta freudiana, Lacan fez uma visita aos Estados Unidos, em 1975. A maneira como se dirigiu aos americanos muito nos revela sobre sua forma de ser.

Pois, longe de tentar fazer-se entender, ou expor as críticas elaboradas durante tantos anos, Lacan falou de seus nós.

O público que o escutou nas universidades onde se apresentou, composto por lógicos, matemáticos e linguistas, pôde segui-lo nisso, mas sem conseguir compreender as articulações que fazia. Falou de topologia, de religião, de sintomas e elefantes. O auditório ficou numa dúvida cruel: tratava-se de ciência ou de poesia?

Lacan enfatizou que o uso que fazia da topologia apontava à captação de um aspecto de psiquismo que se encontra fora do alcance da intuição e das enganosas percepções de nossos sentidos. O nó, objeto real, desdobra-se tridimensionalmente de formas impossíveis de serem imaginadas pela consciência. Assim, presentificam que, além dos limites da razão e das projeções de nossos corpos, as coisas são sempre de outra maneira. E a imagem do que usualmente se tem por ciência acaba subvertida pelo registro do imponderável.

Recusando a dicotomia entre discurso científico ou discurso poético, Lacan preferiu passar através da linha que separa e fundamenta todo o pensamento ocidental. Continuava assim pelo trilho da coerência consigo mesmo, sendo que, um quarto de século antes, ao inaugurar seu seminário, tinha se identificado com um mestre Zen.

Por isso, não falou aos americanos especificamente de psicanálise: tentou fazer, de suas palavras mesmas, um discurso psicanalítico.

Falou em inglês, justificando que se o Outro, naquelas circunstâncias, falava inglês, seria ir contra si próprio não respeitar a determinação da língua. O público americano, que esperava encontrar um especialista que falasse de sua teoria do psiquismo, deparou com um homem que simplesmente falava de um monte de questões diversas, segundo seu estilo.

Porque, em definitivo, o que pode ser transmitido, dentro da psicanálise é isso: um estilo. Mestre da palavra, declarou que, daí a dez anos, suas elaborações seriam claras e cristalinas para todos. Finalizou pedindo que as pessoas interessadas se preocupassem com a reformulação da psicanálise.

Com efeito, continua havendo razões para propor isso.

Por ser estruturado como uma linguagem, o inconsciente, como ela, não permanece sempre o mesmo: ele evolui.

Isso implica que a psicanálise também tem de avançar, para dar conta desse movimento.

Esperamos ter-nos aproximado de nosso objetivo: traçar as coordenadas do que tem sido seu desenvolvimento, mostrando-se como decorrência da dinâmica de sua história, além de tentar encontrar, dentro disso, a lógica de sua transmissão.

Para conseguir relacionar o maior número de dados e fatos em poucas páginas, muitas vezes deixamos de aprofundar quanto seria necessário. Entretanto, foi nosso interesse oferecer subsídios para uma melhor compreensão do valor contemporâneo das ideias de Freud, cujo estudo tem se revigorado nos últimos anos, não sendo mais considerado uma velharia. Pelo contrário, continua a surpreender por sua originalidade; e eis aí o mérito da epopeia lacaniana.

A moral sexual hipócrita, a consciência como centro da vontade, a psicopatologia, a cultura, entre outros, foram alguns dos alvos da subversão do sujeito.

Atualmente, o reconhecimento de Freud como mentor da psicanálise é geral, e não se restringe unicamente aos analistas que seguem o ensino de Lacan. Do mesmo modo, o trabalho de Lacan não pode ser desconhecido, pois foi graças a ele que Freud recuperou o valor de parâmetro que de direito lhe corresponde.

Digamos que, de maneira ampla, vale para todos os analistas, qualquer que seja sua formação, a referência freudiana como princípio ético. Porque cada vez que um analista quer saber o que faz quando analisa, não pode desatender o que Freud disse que fazia...

De Jacques Lacan, muito mais poderia ser dito. Deixemos por sua conta, para concluir, suas derradeiras palavras:

> "Minha experiência não toca ao ser
> senão para fazê-lo nascer
> da falha que produz
> o ente ao se dizer..."

A OBRA DE LACAN

A PSICOSE COMO PARADIGMA

Psicanálise e modernidade

Uma análise é feita no espírito de seu tempo. No atual, a sociedade parou de viver sob o reinado do pai, reinado dos ideais, o que foi caracterizado por Lyotard como pós-moderno. O pós--moderno se mostra na desestruturação dos saberes estabelecidos, no anonimato do modo de vida atual, produzindo laços sociais desarrumados e uma individuação extremada.

O efeito na clínica contemporânea é a menor efetividade da função paterna e uma multiplicação do discurso do mestre, o que acarreta um sujeito sem referência.

O sujeito, vivendo em uma civilização condicionada pelo discurso da ciência e pela globalização do capitalismo, marcado pela ausência de ideais, corresponde ao fenômeno moderno da desaparição dos valores. Só há uma coisa que vale: a lei do mercado. O mestre contemporâneo é o mercado.

Lacan usou a expressão "discurso do capitalista" para apontar o espírito do tempo atual. O discurso do capitalista mostra a modificação do discurso do mestre efetuada pela ciência. Nesse contexto, pode-se falar num sintoma moderno no qual o sujeito procura sua completude no consumo de objetos. Esse modo de complementação do sujeito alienando-o no consumo fez Lacan dizer que o discurso do capitalista rejeita a castração. Pelo fato de o discurso analítico reintroduzir a castração, Lacan coloca a psicanálise como a única saída do capitalismo.

A psicanálise está em correlação com esse momento da ciência, sendo o sujeito da ciência a condição para a existência do discurso analítico. O sujeito para a psicanálise não é a consciência, não é a experiência, não é o sentido; ele está constituído por uma verdade.

Prescrever remédios ou promover o acesso a uma verdade, causa do sofrimento? Pergunta que aponta para uma ética — porém não uma ética dos filósofos, mas uma ética da psicanálise, sugerida por Lacan nos seguintes termos:

"Uma ética se anuncia, convertida ao silêncio pelo advento não do pavor, mas do desejo" (*Escritos*).

Nesse sentido, a ética da psicanálise, em primeiro lugar, diz respeito à interpretação do desejo inconsciente que implica o sujeito na responsabilidade de uma escolha. O limite disso está na incompatibilidade do desejo com a palavra, o que esboça a virtude alusiva da interpretação, que vai da interpretação definida como "tomar o desejo à letra" até a interpretação enquanto estiver incidindo sobre a causa do desejo.

A ética do analisando pode ser formulada como *Wo Es war soll Ich werden*: "aí onde Isso era, deve advir Eu". Isso quer dizer que há ética onde há escolha, decisão, o que se manifesta de maneira exemplar na analogia feita por Lacan da depressão com a covardia moral.

À ética da psicanálise pode-se acrescentar uma ética do desejo, que não é uma ética da liberação do desejo, mas de sua resolução, o que, em razão incompatibilidade do desejo e da palavra, coloca o problema do *bem-dizer*.

Se o saber muda, como acontece numa pós-modernidade caracterizada pela ausência de paradigmas, pode-se supor que o sujeito também mude, porque ele é constituído a partir do saber, como mostram as figuras do sujeito definido historicamente. O inconsciente evolui, e o analista, definido por Lacan como uma consequência do conceito de inconsciente, também deve mudar para poder abordar as novas manifestações subjetivas.

A psiquiatria de hoje não é a mesma à qual Lacan se referiu. A tendência da psiquiatria atual, chamada de biológica, se caracteriza por ter seus fundamentos determinados por outras disciplinas científicas, principalmente a neurobiologia. Esse novo modelo da psiquiatria critica os anteriores em seus métodos e os substituiu por critérios estatísticos, excluindo os acontecimentos particulares da vida do sujeito na causação de seus transtornos.

Esses autores, ao proporem unicamente uma causa *neurobiológica* para os transtornos mentais, negam a causalidade *psíquica* em psicopatologia, o que fez que a psiquiatria atual tenha encontrado nas neurociências seus fundamentos epistemológicos e metodológicos.

Dão suporte a esta posição, entre outros, António Damásio (*O erro de Descartes*), Daniel Dennet (*Consciousness explained*) e Jean-Pierre Changeux (*O homem neuronal*), autores que, valendo-se dos recentes avanços havidos no conhecimento do cérebro, afirmam que a conduta humana pode ser totalmente explicada em termos biológicos.

O principal argumento dos neurobiologistas consiste em dizer que o homem não possui nenhum elemento químico em seu corpo que não esteja presente no animal, o que os leva a uma leitura do funcionamento do cérebro fundada numa explicação genética, evolucionista e materialista. Produziu-se também uma biologia das paixões, em que os funcionamentos hormonais, opostos ao neuronal, fizeram considerar-se o cérebro como uma glândula neuroendócrina.

A psiquiatria atual, valendo-se de sua vocação médica, e situando as causas dos transtornos psíquicos nas fragilidades do corpo, recusa qualquer referência a uma essência do homem, ou qualquer associação com temas como a questão da liberdade, ou da responsabilidade, mostrando sua desimplicação com a ética.

Como consequência, houve a abolição da categoria das neuroses, substituída pelos *transtornos da ansiedade*. Nesse grupo isolou-se uma categoria paradigmática, a *ansiedade endógena com manifestações autonômicas*, ou *síndrome do pânico* — que, como diz o nome, seria endógena e autonômica, por isso mesmo considerada um transtorno cerebral, embora o texto de referência sobre a questão (*Panic anxiety and its treatments - Task Force Report of the World Psychiatric Association*) atribua a descrição dessa síndrome a Freud (*Estudos sobre a histeria*, caso Elisabeth von R.).

Como as neuroses, as histerias também desapareceram na nova nosografia proposta pelo DSM (manual de classificação de doenças mentais da Associação Norte-americana de Psiquiatria), transformando-se, descaracterizadas, em quadros dissociativos. No campo das psicoses, há uma desconsideração das paranoias (reduzidas a transtornos delirantes) e uma ênfase nas esquizofrenias.

Qualquer que seja, porém, a ordenação dos quadros pela nova nosografia utilizada na psiquiatria, seu tratamento privilegia sempre e unicamente a abordagem psicofarmacológica, não havendo a inclusão do sujeito na montagem da estratégia terapêutica.

FOLIESOPHIE

As significações da loucura não foram sempre as mesmas. Na visão de Homero, os homens não passariam de bonecos à mercê dos deuses, situação em que não teriam o domínio de si mesmos e por isso seu destino seria conduzido pelas "moiras", o que criava uma aparência de estarem fora de si, possuídos por uma força maior e exterior. A isso os gregos chamaram "mania".

Segundo Sócrates, esse fato produziria quatro tipos de loucuras: a *profética*, em que os deuses se comunicariam com os homens possuindo o corpo de um deles, o oráculo; a *ritual* ou *dionisíaca*, em que o louco se via conduzido ao êxtase através de danças e rituais orgásticos, ao fim dos quais seria possuído por um *daimon*; haveria ainda a loucura *amorosa*, produzida por Afrodite; e a loucura produzida pelas musas, a loucura *poética*.

Na significação produzida pelo cristianismo, atribui-se sua causa ao demônio. As epidemias de feitiçaria redundaram na Inquisição, "tratamento" indicado pela Igreja para curar essa "doença" espiritual.

A noção de loucura, contudo, sofreu sua maior modificação ao ser anexada à razão. Isso teria ocorrido com Pinel, que, ao separar o louco do criminoso, afastou o aspecto de julgamento moral que constituía até então o principal parâmetro da definição da loucura.

Hegel afirmou que a alienação mental não seria a perda abstrata da razão, como até então se acreditava, mas que a loucura seria decorrente de uma contradição interior à própria razão. Não haveria uma "outra" razão ou mesmo uma desrazão que motivasse a loucura, como se acreditava antes, mas a loucura proviria de algo interno a ela própria. A loucura deixou de ser o oposto à razão ou sua ausência e pôde ser pensada inerentemente à razão. Foi o que tornou possível pensá-la como dentro do sujeito e, portanto, possuidora de uma lógica própria.

Hegel tornou possível pensar a loucura como pertinente e necessária à dimensão humana, e afirmou que só seria humano quem tivesse a virtualidade da loucura, pois a razão humana só se realizaria através dela. Com isso, a loucura deixou de ser universal, uma loucura de tudo e de todos, uma loucura dos deuses que criariam uma loucura do mundo, e passou a ser uma loucura de cada um que, levando em conta o particular desse sujeito, passou a ser apenas loucura dos homens.

No entanto, é uma armadilha pensar a loucura com a linguagem da razão, porque a loucura constitui um saber recusado pela própria produção. A loucura propõe-se como a razão da desrazão, transformando a psiquiatria em um "monólogo da razão sobre a loucura".

Fragilidades do corpo

O corpo para a psicanálise é o corpo atravessado pela linguagem. Do encontro traumático entre carne e verbo fica a marca de um sofrimento originário: o corpo marcado pela linguagem não é o corpo biológico.

A entrada de Lacan na psicanálise deu-se pelos limites que o conhecimento psiquiátrico trouxe sobre a paranoia — e pode-se dizer que a paranoia está para Lacan assim como a histeria está para Freud.

Lacan, vindo de uma formação em psiquiatria, ao confrontá-la com a psicanálise, tomou as principais questões da psiquiatria como chave para o conhecimento psicanalítico.

Já na psiquiatria da época de Freud, a hipótese de uma causação orgânica para os transtornos mentais (organogênese) foi sugerida por Kraepelin como oposta e excludente a uma causação psíquica para esses transtornos (psicogênese). Na tese de psiquiatria de Lacan, a psicogênese desempenhou uma função essencial na argumentação lacaniana, visando opor-se às teses organicistas, já muito influentes na época para explicar o fato psicótico.

Referindo-se à "personalidade" em suas relações com a psicose paranoica, Lacan elaborou a tese de que o conhecimento humano seria um "conhecimento paranoico", acentuando o fato de este ser sempre uma referência à verdade no que ela é alheia a si mesmo. Pouco depois, Lacan universalizaria suas conclusões aprendidas com a paranoia e as formularia através da teoria do estádio do espelho.

Assim, para Lacan (como para os gregos), a loucura e todo o conhecimento humano também teriam sua origem no que é exterior ao sujeito; porém, no caso da visão que Lacan tinha dela, à diferença dos gregos, esse exterior não seria constituído pela vontade dos deuses, mas seria o que é exterior ao conhecimento que o sujeito tem de si mesmo, numa referência ao inconsciente.

Posteriormente, Lacan, ao colocar o sujeito como decorrente de sua relação com o Outro, fato a que chamou de "alienação", tornou patente essa consideração do destino humano pensado em sua relação com a loucura, fazendo decorrer toda uma ética desse fato.

Em Jaspers, o conceito de processo psíquico se opõe diretamente ao conceito de desenvolvimento da personalidade, que, diferente da noção de processo, poderia ser expresso sempre através das relações de compreensão. Segundo Lacan, a noção de compreensão é um móbil do qual Jaspers fez o pivô de toda sua psicopatologia. "A compreensão só é evocada como uma relação sempre no limite. Desde que dela nos aproximamos, ela é, a rigor, inapreensível. Acaba-se por conceber que a psicogênese se identifica com a reintrodução, relativamente ao objeto psiquiátrico, dessa famosa relação", diz Lacan (*O Seminário, livro 3: As psicoses*).

No texto "De nossos antecedentes", Lacan referiu-se a sua trajetória como médico, psiquiatra, para depois desembocar na psicanálise. Reconheceu em Clérambault seu único mestre em psiquiatria, que, "com seu automatismo mental, com sua ideologia mecanicista de metáfora, por certo bastante criticável, parece-nos, em seus enfoques do texto subjetivo, mais próximo do que se pode construir de uma análise estrutural do que qualquer esforço clínico na psiquiatria francesa". Reconhecendo a formação kraepeliana de Clérambault, Lacan admite que o caminho que o levou a Freud foi o da "fidelidade ao invólucro formal do sintoma", mostrando com isso o lugar da clínica psiquiátrica em seu percurso.

Doutrina lacaniana da loucura

A psicose, definida como objeto-médico, surgiu como oposto dialético ao campo das neuroses, que literalmente quer dizer "degeneração dos nervos", definição que fala mais de uma etiologia do que de uma categoria nosográfica.

Existem várias convenções para se diagnosticar a psicose, entre elas a de Kraepelin, eminentemente evolutiva; a de Bleuler, psicanaliticamente influenciada; a do DSM-IV, pretensamente ateorética. Tentou-se reduzir a manifestação das psicoses a seu mínimo, como nos sintomas de primeira ordem estabelecidos por K. Schneider ou nos fenômenos elementares de Kraepelin.

Influenciado pela psiquiatria da época, que procurava um transtorno fundamental para as psicoses, Lacan tomou os fenômenos elementares e, pensando-os analiticamente, entendeu-os como fatos de linguagem, elevando-os à categoria de paradigma para o entendimento da inserção do sujeito na ordem simbólica.

A presença de pelo menos um fenômeno elementar seria a condição suficiente e necessária para o diagnóstico de uma psicose. O *fenômeno elementar*, depois chamado por Lacan de *experiência enigmática*, é a exceção que comprova a regra, é a evidência mesma da estrutura.

Com isso, Lacan transformou a indagação à psicose no fio condutor de seu ensino e elevou a loucura ao *status* de reveladora da estrutura do sujeito, pois para ele o louco seria o único que poderia ser testemunha do real, visto que o neurótico só pode aceder ao real pelo simbólico.

A psicanálise constituiu sua clínica partindo da psiquiatria, porém estabelecendo uma especificidade própria. Essa especificidade se demonstra através do único meio que a psicanálise tem para sua investigação, que são as palavras, pois tanto na neurose como na psicose trata-se da estrutura da linguagem, ou melhor, da relação do sujeito com o significante. A psicanálise descobriu o lugar prevalente da palavra na existência humana e afirma que a palavra é o eixo da existência, no sentido de buscar o destino entre dois limites: o da loucura e o da morte.

Para mostrar a "causação essencial da loucura" ("Formulações sobre a causalidade psíquica"), Lacan separou o delírio do engano e do déficit. Para ele, a verdade condiciona em sua essência o fenômeno da loucura que é o fenômeno da significação. O fenômeno da loucura é inseparável da subjetividade, "através do qual penso mostrar-lhes que ela faz o ser mesmo do homem".

Na concepção estruturalista, o fenômeno psicótico situa-se no sistema semântico. Lacan sustenta que o "fenômeno da loucura não é separável do problema, significação para o ser em geral, isto é, da linguagem para o homem".

Lacan assim resume sua posição sobre a loucura em "Formulações sobre a causalidade psíquica": "Longe de a loucura ser um fato contingente das fragilidades de seu organismo, ela é virtualidade permanente de uma falha aberta em sua essência. Longe de ser um insulto para a liberdade, ela é sua mais fiel companheira, seguindo seu movimento como uma sombra. E o ser do homem não somente não poderia ser compreendido sem a loucura, como não seria o ser do homem se, em si, não trouxesse a loucura como o limite da liberdade".

Desse ponto de vista, a liberdade que se pretende construir desde a condição humana tem seu limite na loucura, ou na palavra que pode levar o indivíduo a se matar. Pretender curar a loucura como lugar-limite, como questionamento do humano, não é demasiado diferente de se pretender expulsar a morte do horizonte da vida.

O ensino de Lacan propõe que tudo parte do significante. A psicose, tal qual a neurose, também é efeito dessa estrutura (que recebeu o nome, em psicanálise, de Complexo de Édipo). A psicose, como a neurose, seria decorrente de um acidente ocorrido durante a elaboração do Complexo de Édipo — o qual teria por efeito a inserção, ou não, do sujeito na ordem simbólica.

Isso se daria devido ao fato de que o significante fundamental para a instauração da ordem simbólica, o significante do Nome-do-Pai, pudesse comparecer barrando o Desejo da Mãe. Isso pode não acontecer e essa seria, para Lacan, a causa da psicose.

O sujeito não acederia ao simbólico porque ficaria preso ao desejo materno, porque este não foi barrado pelo Nome-do--Pai, que, por sua vez, estaria ausente devido ao fato de ter sido "foracluído".

A *foraclusão* (nome que Lacan deu a *Verwerfung*, um dos mecanismos de defesa do sujeito frente à angústia, descrito por Freud) seria um dos estilos de o sujeito lidar com a falta, seria uma das operações psíquicas possíveis, entre outras, para se enfrentar o real, outro nome da angústia. O psicótico seria aquele que, ao não se inserir na ordem simbólica, não faz laço social — ou, dito no jargão lacaniano, está fora do discurso.

O simbólico decorre desse efeito da operação do Nome-do--Pai que, ao barrar o todo do prazer, metaforizado como o Desejo da Mãe, instaura a falta (castração), motor do desejo. O psicótico, no ponto em que o Nome-do-Pai não está, não fica aberto à falta e neste lugar, aí, ele é todo, completo, ele é só gozo, sem desejo, realizando assim em ato o sem sentido de seu destino.

O psicótico, segundo Lacan, é quem nos ensina o real, pois este é o não simbolizado, é o gozo inútil desligado da alienação do sentido.

O psicótico é o louco que, à diferença dos outros loucos, não se defende do real pelo simbólico e por isso não se aliena, como os outros, nas palavras.

O psicótico é o louco cujo simbólico não se separou do real; por isso, para ele, a palavra não mata a coisa e o gozo não está interdito. Ele se torna, assim, a testemunha cruel da não substituição do gozo pela linguagem e, por seu triste destino, fala-nos da situação humana que é a de ser o eterno joguete entre a procura de uma completude que não existe e a estupidez de um gozo que não serve para nada.

Direção do tratamento

A clínica psiquiátrica, atualmente uma clínica da medicação, por meio de exames, escalas e estatísticas transformou esses critérios em teorias etiológicas e, num jogo lógico, propõe modelos terapêuticos que se referem à presença ou ausência de determinados neurotransmissores.

Em *Televisão*, o sentimento depressivo foi pensado por Lacan pelo viés freudiano da dor psíquica, variando desde uma referência ao budismo por meio da fórmula da "dor de existir" a um afeto normal, que remete à falha da estrutura que obriga o sujeito ao dever de ser "todo" para o ideal e ao dever de bem-dizer em sua relação com o gozo.

Lacan tratou a depressão como paixão da alma, tomando como referência Platão, Aristóteles e são Tomás, e com isso situou-a no campo da ética, definindo-a como covardia moral, como falta moral, como pecado (no sentido spinoziano) — o que quer dizer, em termos analíticos, que se trata de uma decisão sobre a perda.

À busca da completude perdida, Lacan chamou de Paixão do ser, que são paixões da relação com o Outro. A *falta-a-ser* determina a paixão da busca de completude no Outro. As paixões dão consistência ao Outro: o ideal no amor, o apagamento no ódio e o saber na ignorância.

A psicanálise não é um materialismo do significante; é uma ética. A estrutura descreve uma combinatória; a ética implica uma decisão. Isso quer dizer que na experiência analítica não se trata só de mecanismos estruturais, trata-se de escolhas subjetivas que têm o modelo da escolha forçada. Trata-se, como em todas as análises, de terminar com o efeito de fascinação da palavra para fazer surgir um dizer que deixe "a coisa" falar, e inventar um saber do que não se pode dizer.

Para Lacan, o homem não é livre, mas garantido pelo simbólico. É nesse ponto que a liberdade se articula com a loucura. A psicanálise mostra que o sujeito não é causa de si, a determinação do sujeito pelo Outro o aliena aos significantes, é em torno do Outro que o sujeito constitui suas fantasias.

A ética da psicanálise é a ética do bem-dizer que consiste em se aproximar de um saber que não se pode dizer. Por isso a tristeza. A tristeza é um saber falido do qual o sujeito é responsável.

Essa posição define a direção do tratamento na psicanálise de psicóticos ou neuróticos, que não são considerados efeitos de um distúrbio neurobiológico, implicando-se o analisante na responsabilidade por seus sintomas.

O louco é o verdadeiro homem livre, pois não precisa de outro, não precisa do semelhante para buscar a causa de seu desejo. Essa posição não deve se confundir com a dos antipsiquiatras, que colocavam a loucura como ideal do sujeito humano.

Embora situando a loucura como limite da liberdade do homem, Lacan pergunta se esse limite não é baseado num engano, que é a própria condição da existência humana. O sujeito é alienado ao Outro, e é separado do Outro por aquilo que constitui sua causa: o *objeto a*, causa do desejo. Nas operações de causação do sujeito, à causa significante da alienação se opõe a causa real da separação.

Em "A ciência e a verdade", Lacan privilegia não mais a causa significante, mas o *objeto a* como causa real, fazendo parte daquilo que estrutura as relações entre os seres humanos. O louco é aquele que rejeita essa causalidade. Com a elaboração do conceito de objeto causa do desejo, Lacan acha uma nova fórmula da liberdade do psicótico: ele tem sua causa em seu bolso, ele é *causa sui*.

Dentro do determinismo da teoria psicanalítica, uma "margem de liberdade", de aquiescer ou recusar, de ser responsável por sua posição subjetiva, está suposta aos psicóticos e aos neuróticos.

De Aimée a Joyce

Como acontece em todas as disciplinas que operam significações, a psicanálise também vai constantemente mudando os termos das suas. No caso de Lacan, a percepção da psicose mudou constante e radicalmente.

O caso Aimée — investigado por Lacan em sua tese em psiquiatria com o rótulo de paranoia — consistia numa loucura de amor mortal por uma atriz de teatro que era como ela queria ser. Amor então por si mesma, amor pelo ideal que a atriz representava e que, ao mesmo tempo, marcava o que ela, Aimée, não era.

Esse caso marcou um momento do ensino de Lacan em que a significação da loucura era procurar no outro a completude que lhe falta. A diferença que faz essa loucura ser adjetivada paranoica estaria no fato de ela procurar essa completude de si no corpo do outro destruído, fazendo disso signo de união de seu próprio corpo. O paranoico precisa de sua vítima, testemunha especular de seu despedaçamento e possuidor de uma completude que passaria a ele por roubá-la do outro.

Essa visão da constituição do psiquismo humano, precursora da teoria do estádio do espelho, leva em si o horror do ser humano mostrado como incompleto, buscando sempre o outro, como um vampiro, para ter o que julga lhe faltar e para ser só quando o outro já não é.

Schreber, o mesmo caso estudado por Freud, foi retomado por Lacan através dos efeitos dos "desfiladeiros" do significante, procurando nos meandros do simbólico o sentido do texto de Schreber. Para Lacan, Gottlieb — o segundo nome de Daniel Schreber, que significa literalmente "amado por Deus" — condicionou o delírio de ser ele a mulher de Deus, fecundado pelos raios do Sol-pai-deus.

Isso fala da inexorabilidade da determinação simbólica que seria a responsável, com sua estrutura de linguagem, pela outra cena que determina o palco real de nossas vidas. Pode-se dizer que o louco faz existir o impossível. Talvez a alusão de Lacan a Wittgenstein seja uma crítica a todo o movimento humano que pretenda instrumentar um único acesso à verdade que só poderia ser alcançado pelo delírio.

Talvez por isso também Lacan haveria dito de si mesmo, numa das conferências que realizou nos Estados Unidos, em 1975, que ele próprio seria psicótico, acrescentando que a psicose seria um fato de rigor.

Finalmente, Lacan desenvolveu uma outra forma de abordar a loucura, aquela caracterizada não por ter se desencadeado clinicamente, mas por ter sido evitada pela arte. Foi a referência que Lacan fez a James Joyce.

Por que ler Joyce? Para não se entender? Onde está a magia de sua arte que faz que se ocupem dele "por mais de 300 anos"? A obra de Joyce, ao subverter os parâmetros da organização pré-consciente, aproximar-nos-ia do funcionamento do processo primário, matéria-prima para o que seria significado como produção do psicótico?

Joyce exemplificou a ideia de uma estrutura psicótica, de alguém que poderia ter sido psicótico clinicamente, mas não desencadeou um surto psicótico. Segundo Lacan, uma estrutura psicótica determina-se pelos acidentes ocorridos durante a elaboração do Complexo de Édipo, durante a infância; o estado psicótico, porém, somente ocorre quando certas circunstâncias o desencadeiam.

Assim, um sujeito com uma estrutura psicótica poderia nunca desencadear uma crise. Já alguém sem uma estrutura psicótica nunca seria um, "mesmo que quisesse". O caso de Joyce ensina como uma estrutura psicótica poderia se manter estabilizada através de um mecanismo ao qual Lacan chamou de "suplência".

Joyce é a desilusão do gozo condicionado unicamente pelo sentido, nome do inferno, segundo suas razões, pois o sentido é um modo de gozo que reduz a potencialidade de outros gozos, produzindo uma limitação da língua e do dizer.

Na opinião de Lacan, a arte de Joyce é o que poderia libertar a literatura do sentido. E por que ele pode fazê-lo? Se para Freud a literatura era apenas um tipo de sonho, *Finnegans wake* é o despertar do sonho do sentido. Em sua escritura se trata unicamente da matéria da letra, fazendo jogos de palavra que saem do terreno do chiste. Joyce escreve de uma maneira que realiza o simbólico, tirando a linguagem de seu campo específico, deixando do sentido apenas um vestígio, sempre como enigma.

A arte de Joyce é então o que Lacan chamou de seu *sinthome*, ou seja, seu gozo condicionando o sentido como sintoma. Daí que sua obra, mesmo que biográfica, menos vale pelo sentido do que pela letra. Assim, Joyce, como um psicanalista, fez de seu texto um produtor de sintomas no leitor, fazendo emergir a verdade singular de cada sujeito, seu próprio sintoma. Verdade tanto maior por ser o sintoma a maneira pela qual cada um goza de seu inconsciente.

O psicótico, longe de uma exaltação romântica como ocorreu na antipsiquiatria, foi com a psicanálise restituído a sua verdadeira função de arauto da condição humana, de porta-voz de seu real. Também a psicanálise, à diferença de Foucault, não acusou a cultura como responsável por sua causa, mas unicamente pela sua condição.

Essa implicação fundamental entre ser e loucura se declina em Lacan: a equivalência entre psicose e estrutura e a loucura como modo fundamental de o *falasser* habitar a língua.

Mais que tudo, a loucura revista pela psicanálise, e particularmente por Lacan, operou um efeito de reordenamento ético, pois a loucura foi, e sempre será, pela afirmativa ou pela negativa, um questionamento global de tudo o que é humano e talvez seja a indagação mais profunda sobre a liberdade e o sentido da existência.

O DISCURSO LACANIANO

Através das décadas, de viva voz ou no deslizar da pena, a presença de Jacques Lacan foi marcante para seu público, os psicanalistas, que acompanhavam o exercício ininterrupto de sua lucidez implacável.

Mas eles não eram os únicos destinatários de suas palavras, prontas para acordar os dorminhocos e os conformados. A qualquer um elas poderiam dizer respeito, desde que admitisse um saber em ato que o colocasse em causa.

Frutos de uma verve ímpar, sua lábia e seu carisma fizeram escola, pela inteligência de suas afirmações. Suas ideias, proferidas em alto e bom som, levaram a psicanálise para além de territórios nunca antes trilhados, questionando mentalidades e potencializando a ciência do inconsciente.

Seus axiomas, formulados com todas as letras, mais de uma vez atingiram domínio público, circulando de boca em boca como colocações magistrais. Contudo, como a celebridade tem um preço, alguns de seus achados terminaram virando clichês, trivializados pela repetição indiscriminada.

As frases que, ao longo de seu ensino, Lacan utilizou uma ou mais vezes destacam-se dele, seja por compactar articulações precisas, seja pelos enunciados, sagazes e heurísticos. Tais características tornam muitas delas altamente valiosas, pela densidade de seus argumentos. Algumas, inclusive, foram levadas pelos ventos da oralidade, que as disseminaram a céu aberto, fora do território restrito dos analistas, na extensão da psicanálise que permeia a vida cotidiana do mundo ocidental.

Não obstante a difusão, a divulgação e até a popularidade, parâmetros de certo sucesso são insuficientes para prever o futuro desses dizeres. Para os que sabem ler e ouvir nas entrelinhas, a criatividade lacaniana deixou traços no linguajar contemporâneo. Enunciados certeiros, ditos espirituosos, frases feitas ou tiradas memoráveis, depois repetidas por tantos outros. Muitas são afirmações taxativas, peças calibradas de concisão doutrinária, organizadoras de um sistema de pensamento.

Suas elaborações comprovam que o interesse maior passava pelo esforço de formalização, na procura de uma transmissão cada vez mais eficaz da psicanálise. O ponto extremo dessa tendência foram os *matemas*, a tentativa de criar, por meio de fórmulas algébricas, unidades conceituais exatas, na pretensão de promover uma literalidade inequívoca.

LACAN FALOU E DISSE

Frases de efeito, efeito garantido? As formulações de Lacan, às vezes, parecem aforismos, forjados nos moldes do enigma, premeditados para causar espécie. Pela própria natureza de seu *speech*, foi mentor de asseverações contundentes que, em situações corriqueiras e fora de contexto, enfrentam o risco da degradação, atingindo o nível do lugar-comum.

Entretanto, a solidez de sua produção intelectual funciona como antídoto contra a entropia teórica de chavões e bordões. No consultório, em silêncio, ocupava o lugar do *sujeito suposto saber*, suporte da transferência. Em público, discursava e perseverava, ao longo dos anos, firmando suas ideias perante uma audiência que esperava, dele, um saber exposto e magistral.

Seu legado demanda e exige uma leitura minuciosa. Rios de tinta, oceanos conceituais, marés epistemológicas. Algumas

pontuações, como ilhas de raciocínio, ganham relevo na superfície textual, sintetizando, em poucas palavras, os problemas cruciais da psicanálise.
- O sintoma é a inscrição do simbólico no real.
- Não há Outro do Outro.
- A lei do homem é a lei da linguagem.
- O eu é o sintoma humano por excelência.
- Uma psicanálise é o tratamento que se espera de um analista.
- O desejo é a essência da realidade.
- O real é impossível.
- O psicanalista faz parte do conceito de inconsciente.
- *Desidero* é o *cogito* freudiano.
- A lei e o desejo recalcado são uma só e mesma coisa.
- O real é o que responde ao acaso.
- Não cederás no que tange a teu desejo.
- A mulher não existe.
- O enigma é o cúmulo do sentido.
- Não há relação sexual.
- O desejo é sua interpretação.
- Não há, na análise, outra resistência que a do analista.
- O inconsciente é o significante em ação.
- O bem-dizer não diz onde está o Bem.
- A transferência é a realidade do inconsciente posta em ato.
- O amor é dar o que não se tem.
- O olhar é o avesso da consciência.
- A psicoterapia conduz ao pior.
- Deus é inconsciente.
- A verdade tem estrutura de ficção.
- O que não veio à luz no simbólico aparece no real.
- Um significante é o que representa um sujeito para outro significante.
- O inconsciente é o significante em ação.
- O sintoma é a estrutura.
- Não há metalinguagem.

- Penso onde não sou — sou onde não penso.
- Não retroceder frente à psicose.
- A transferência é uma relação essencialmente ligada ao tempo e seu manejo.
- O estatuto do inconsciente é ético, e não ôntico.
- O analista só se autoriza por ele mesmo.
- O inconsciente é a condição da linguística.

Essas são apenas as mais conhecidas. Cada uma poderia ser tema de um seminário. Várias foram, e tantas outras ficaram para a posteridade como charadas teóricas, nada banais, sempre instigantes.

A estrutura do inconsciente

A obra de Lacan desdobra-se em duas perspectivas diferentes, porém simultâneas. Na vertente da escrita, tudo o que foi redigido e publicado a partir do começo de sua carreira, ainda na psiquiatria, e depois, já na psicanálise. No exercício da oratória, a sequência dos seminários, conferências e intervenções, cujo resultado, sua peroração ao vivo, também ficou como letra impressa.

Seus seminários e textos guardam estreita relação, via de regra sendo os segundos as consequências dos primeiros. Assim, os mesmos temas, uma vez elaborados na frente de seus discípulos, eram vertidos em artigos que, mais tarde, seriam compilados com a denominação genérica *Escritos*. Dessa maneira, se alguma vez o destinatário de sua prédica centrava-se tão-só em seus ouvintes, espectadores de sua performance, o aspecto literário deixou, logo depois, todos os interessados em seu ensino situados no papel de leitores.

Com a herança de Freud como pano de fundo, há uma constante no discurso de Lacan que atravessa diversas épocas, adotando, em cada momento de sua teorização, novas precisões, sem nunca ter sido abandonada como pedra de toque. Trata-se da referência onipresente, implícita ou explícita, aos registros de *imaginário*, *simbólico* e *real*.

Essas são as dimensões do espaço habitado pelos seres falantes, como é revelado pela experiência analítica. Cada uma das três categorias é autônoma e diferente das outras, embora todas elas estejam amarradas de forma interdependente. Podem ser assim definidas:

REAL, SIMBÓLICO E IMAGINÁRIO

O *imaginário* inclui duas acepções. Por um lado, quer dizer falso e, por esse viés, aponta à ilusão de autonomia da consciência. Por outro lado, tem que ver diretamente com as representações e as imagens, as matérias-primas das identificações.

Na teoria freudiana, corresponde ao plano do narcisismo, compreendendo a etapa intermediária entre o autoerotismo e as relações objetais da libido. Seria o momento fundamental da cristalização da imagem do corpo, dando lugar à instalação da matriz do ego no psiquismo.

Fora desse âmbito, os humanos só existem porque falam. O registro do *simbólico* tem, na linguagem, sua expressão mais concreta, regendo o sujeito do inconsciente. Ela é a causa e o efeito da cultura, em que a lei da palavra interdita o incesto e nos torna completamente diferentes dos animais.

Nos trabalhos de Freud, a importância do *simbólico* pode ser encontrada nos textos que ilustram o funcionamento do inconsciente, em que a casuística prova a maneira como é estruturado. Mas também naqueles outros que discorrem sobre o Complexo de Édipo, por ser a *função do pai* ligada a esse registro.

O *real*, como terceira dimensão, é sempre aludido pela negativa: seria aquilo que, carecendo de sentido, não pode ser simbolizado nem integrado imaginariamente. Aquém ou além de qualquer limite, seria incontrolável e fora de cogitação.

A reflexão a seu respeito traz de novo o velho problema da incompatibilidade cognitiva entre o sujeito e o objeto. Relação impossível, por ser o segundo sobredeterminado e o primeiro, subvertido por seu desejo.

Na metapsicologia, trata-se da base pulsional do *isso* (ou *id*), em cima da qual se organiza o aparelho psíquico. Para Freud, a diferença sexual anatômica era a referência mor. Todavia, foi o lugar outorgado ao trauma nos começos da psicanálise: aquilo que, por irromper de repente e sem razão, não permite nenhuma defesa eficaz.

Os três registros estão presentes desde o início do ensino de Lacan, até suas últimas intervenções. São as coordenadas da análise e os alicerces de uma outra psicopatologia. Esses conceitos, originários da clínica, também têm incidências em outras disciplinas, como na psicologia, na linguística, na filosofia e na semiótica. A divisão subjetiva e a dialética do desejo provocaram uma ruptura epistemológica nos diversos saberes correlatos. Ainda é cedo para se perceber o alcance de sua incidência no questionamento das humanidades.

Entretanto, e quase por acaso, Lacan achou um objeto formal apto a reunir seus preceitos, o chamado *nó borromeano*, construído por três círculos, entrelaçados e inseparáveis. Sua propriedade única consiste em que, cortando um deles, qualquer um, os outros dois não ficam juntos.

Se, desde os primórdios, era dito analogicamente que os registros estavam enlaçados, lacrados, mais tarde foi encontrado, na topologia, o modelo adequado para que a afirmação deixasse de ser apenas retórica, transformando-se em algo real, um nó de verdade.

Em certa época, Lacan admitiu ter sido estruturalista, acrescentando em seguida que sua estrutura particular era esse nó. Embora conhecido tradicionalmente por tecelões, marinheiros e escoteiros, seu nome deriva do brasão que ornamentava o escudo de armas de uma nobre família do norte da Itália, os Borromeos.

Esse nó é útil para perceber a concatenação dos registros e suas lógicas recíprocas, e evitar que sejam considerados separadamente, pois funcionam em uníssono. Assim mesmo, tendo cada um o devido *status*, nenhum deles tem mais ou menos hierarquia que os outros, atuando de maneira conjunta.

A topologia teve uma grande importância ao longo do percurso, ocupando cada vez mais tempo e espaço nas lições do seminário. Para Lacan, não havia divórcio entre o prolongado trabalho com os nós e a prática analítica.

A SUBVERSÃO DO SUJEITO

O inconsciente, a pulsão, a transferência e a repetição, os quatro conceitos fundamentais da psicanálise, precisam ser pensados à luz dos registros. O fio condutor é a noção de *sujeito*.

Esse substantivo é propenso ao mal-entendido, consequência da sua pertinência simultânea a outros contextos, o filosófico, o jurídico, o gramatical etc. No psicanalítico, e a despeito de todos os anteriores, não designa concretamente substância alguma, nem identifica ninguém. Esse termo é utilizado numa versão diferente da habitual. Não seria sinônimo de pessoa, ou indivíduo, e muito menos poderia ser confundido com a consciência.

Quando alguém, falando, pretende se expressar e se fazer entender e, de repente, em sua fala, tropeça numa palavra, ou a troca por outra sem perceber, ou utiliza uma expressão que, por ter mais de um significado, produz no interlocutor uma impressão diferente da que tentara transmitir, eis aí o inconsciente em ação.

Na surpresa de um *lapso de língua*, quem foi que se manifestou? A racionalidade do falante não se reconhece naquela palavra que, inesperada e inoportuna, acabou sendo ouvida. Talvez revelasse um anseio que, mesmo inadmissível, torna evidente outro querer determinando o que foi dito.

Podem-se estabelecer dois momentos, antes e depois do ato falho. Previamente, o locutor expressava-se fluente, dono de si. E depois da locução impensada, quando foi dito algo inimaginável, quem disse fica em pauta, ultrapassado pelo significante. Disso decorre um par de conclusões. Primeira: a intencionalidade foi superada pelo dizer, e quem falou não fica indiferente perante o fato. Segunda: denomina--se *sujeito* à capacidade da linguagem que, enunciando mais que o esperado, indica um desejo do qual não se tinha notícia.

O sujeito é determinado pelo *Outro*, nome dado a tudo aquilo pelo qual ninguém chega a dominar plenamente os efeitos de suas palavras e atos; o resultado final de sua atividade é sempre algo distinto daquilo que foi visado ou previsto.

Os seguintes postulados, de implicação recíproca, são o pano de fundo de todas as articulações lacanianas:
— O inconsciente está estruturado como uma linguagem.
— A linguagem é a condição do inconsciente.
— O inconsciente é o discurso do Outro.
— O desejo do homem é o desejo do Outro.

Essas afirmações balizam os registros e funcionam como as referências imprescindíveis na dialética do desejo. Na dependência do dizer, o *simbólico*. Nas miragens do eu, o *imaginário*. Na emergência sem mediação, o *real* como causa. Em todos os casos, a alteridade radical da *outra cena*.

Ainda hoje, a psicanálise não dispõe de nenhuma ontologia, embora precise levar em consideração as vicissitudes do ser, ao mesmo tempo falante, sexuado e mortal. Para tratar dele, Lacan cunhou um neologismo, aproveitando as facilitações de sua língua natal: *parlêtre*.

Esse significante concentra uma pluralidade de sentidos: *parler* (falar), *lettre* (letra), *être* (ser). Designa aquele que é pelo simples fato de falar, obrigação exclusiva de nossa espécie. Toda e qualquer naturalidade desaparece na cultura e até a *sexuação* vira um processo abstrato, em que o *simbólico* molda o *imaginário*, nem sempre coincidindo com a biologia.

A transliteração do termo tem prós e contras. Em português não existe nada parecido, e a invenção se torna necessária: *falesser*. Essa condensação resgata a fala e o ser, e ainda, o falo. Por acréscimo, introduz a finitude. E ainda pode ser lida e escandida como um mandato: *Fale, ser!*

Em *Função e campo da palavra e da linguagem em psicanálise*, escrito fundamental datado de 1953, Lacan escrevia:

"O inconsciente é o capítulo de minha história assinalado por um branco, ou ocupado por um logro, um capítulo censurado. A verdade, porém, pode ser reencontrada, amiúde, já está escrita em outro lugar. Isto é:

- nos monumentos, e isso é meu corpo, quer dizer o núcleo histórico da neurose em que o sintoma mostra a estrutura de uma linguagem, para ser decifrado como uma inscrição que, uma vez recolhida, pode ser destruída sem perda grave;
- nos documentos dos arquivos, também, e são as lembranças de minha infância, impenetráveis, quando não reconheço sua proveniência;
- na evolução semântica, e isso responde ao repertório e às acepções do vocabulário que me é particular, assim como o estilo de vida e o caráter;
- na tradição, e ainda nas lenda que, sob uma forma heroica, veiculam minha história;
- nos rastros, finalmente, que conservam inevitavelmente as distorções, necessárias para a conexão do capítulo adulterado com os capítulos que antecedem e sucedem, cujo sentido será restabelecido pela exegese."

Em outras palavras, tudo aquilo que, fartamente, a associação livre prove: os sintomas, as recordações que encobrem, os mitos individuais e até o estilo e os tropos do discurso pessoal. Caiu na rede da escuta, é significativo.

Mas nem tudo é significante, pois o real, furando a trama do simbólico, é o limite de qualquer significação.

Psicanálise em extensão

O *lacanismo*, historicamente, costuma ser escandido em quatro períodos. Primeiro, o *épico*, a saga da reconquista teórica do retorno a Freud. Depois, o *neoclássico*, quando se pensava que a consistência dos conceitos precisava ser incrementada, para melhorar o original. Mais tarde, o *kitsch*, reproduzindo o estabelecido, até o extremo da repetição em série. Por último, na atualidade, o *tempo do paradigma*, no qual é necessário aprofundar e consolidar a perspectiva do edifício conceitual e suas inúmeras linhas de fuga.

Mais de duas décadas atrás, o velho analista mergulhava num merecido sono sem sonhos, depois de uma longa vida e uma extensa produção. Ainda vivo, e até o limite de sua sabedoria, continuava a pensar e reformular as ideias e os conceitos que sua lavra aquinhoara para benefício da psicanálise, mas também para glória e desafio do pensamento ocidental.

Finda sua existência, acabaram as criações, pelo menos aquelas que, na transferência, se esperava dele, mestre por obra e graça. Um capítulo da gesta do movimento psicanalítico assim foi encerrado. O seguinte, a partir de então, e para todos os efeitos, se denomina *pós-lacanismo*, ressalvando que essa expressão, mais do que uma mera denominação cronológica, alude a certa superação, e talvez a um questionável progresso, em relação à época anterior.

Hoje, a disseminação da orientação lacaniana é um fato incontestável, pois muitos são os analistas que se referenciam, em diversos países, congregados em instituições locais e transnacionais, embora sejam bastantes aqueles que mantêm algum tipo de liberdade associativa. O epicentro continua sendo Paris; no entanto, faz tempo que deixou de ser uma Meca.

Em priscas eras, não resultava fácil nem possível o acesso aos seminários datilografados; agora a maior parte deles já foi editada, em versões oficiais ou piratas. Junto com eles, enorme quantidade de bibliografia a respeito, livros, revistas, artigos etc. Inclusive, a tarefa ininterrupta do legatário teórico, Jacques-Alain Miller, estabelecendo, comentando, elucidando e parafraseando os textos básicos, constitui, *per se*, uma bibliografia paralela, não independente, porém correlata. Outrossim, existem vários dicionários na praça, bastante confiáveis. Para completar, o discurso universitário, até certo ponto e de maneira limitada, começa a admitir a competência do saber lacaniano. A edição digital da totalidade dos escritos democratizou a leitura, favorecendo os estudos cronológicos.

Tudo isso pintaria um quadro otimista, com a expansão daquele ensino extrapolando fronteiras e polinizando as mais diversas epistemes e disciplinas, fecundando mentes esclarecidas e arrebatando corações propícios. Mas talvez não seja assim, por ser nesse momento pós-lacaniano que a batalha contra o obscurantismo está sendo travada, sem que se saiba, de fato, qual será seu desfecho.

O século XX acabou e, na alvorada do terceiro milênio, o inconsciente se encontra sob fogo cruzado, atacado pelo capitalismo predatório, o mal-estar na cultura, a sociedade depressiva, as religiões totalitárias, o consumismo gozoso e o discurso da ciência, mais cego do que nunca. Lacan disse, alguma vez, que a psicanálise era um sintoma da civilização e que chegaria um dia em que a civilização se curaria dela. Paranoia ou profecia?

Encore

Assim caminha a humanidade. Os irmãos Marx, famosos em seu tempo, então e hoje provocam gargalhadas em série com seu humor fora de série. Nem Lacan ficava sério. Mais, ainda: via neles um paralelismo didático.

Harpo era o *real*, pura pulsão acéfala. Imprevisível, caótico e desmedido, sua mudez o eximia da enunciação, da lei e da ordem.

Chico representava o *imaginário*, as pompas do eu, a vaidade e o desconhecimento, sendo, ao mesmo tempo, cordato e insensato, inteligente e tolo, sempre agindo como mediador. No *simbólico*, Groucho, bom de bico, não dava ponto sem nó em pingo d'água, com seus trocadilhos e sua relação com o inconsciente.

Era uma fraternidade topológica e anárquica, a serviço do riso e do levantamento do recalque. Karl, o patriarca do clã, ficaria orgulhoso de seus longínquos parentes e de suas irreverentes contribuições teóricas. Lacan também.

O LACANISMO & O LACANÊS

Primeiro uma anedota, tomando o cuidado necessário para que a contingência não eclipse a estrutura. Nos idos de 1980, apesar de Lacan ter querido a completa extinção da Escola Freudiana de Paris, nem por isso acabaram de imediato todas as querelas pertinentes a tal espaço comunitário. Para começar, a observância das leis vigentes que regulamentavam a burocracia do estabelecimento demoraria bastante tempo hábil até permitir concluir, legalmente, o que o mestre severo ceifara com seu gesto. Naquela época conturbada, a turma dos seguidores que com ele persistia editava um boletim de campanha pró-dissolução, com o sugestivo título de "Delenda". Em seu primeiro número, constava uma autoentrevista com Jacques-Alain Miller, que, simultaneamente, era capaz de perguntar e também de responder. Instado por si próprio a se definir, não duvidou em apresentar-se como um *punk*, ainda que psicanalítico.

O tempora, o mores... Pois nesse período épico e apocalíptico valia a pena tanto se identificar com um jovem niilista e espontâneo quanto conceber a psicanálise mais perto do faça você mesmo, coerente com a "política do grão de areia", do que de uma "instituição quase total", segundo a classificação de Irving Goffmann.[1]

Hoje, tantos anos depois, tudo é tão diferente, ao ponto de o aludido *ut supra* ter virado delegado. Todavia, se quisermos pensar as consequências, e as consequências das consequências daquela saga, seria mister fazer um levantamento topográfico e demográfico do *campo freudiano*, incluindo seus latifúndios e minifúndios.

Com efeito, a balcanização do legado de Lacan passa, desde então e até hoje, por pessoas, grupos, entidades, publicações e demais que tais, disseminados em ambos os hemisférios, poucas vezes harmoniosos entre si, e sempre prestes a reivindicar uma filiação autêntica, seja ela simbólica, imaginária ou real.

No entanto, e tirante as diversas tribos, convém conferir o patrimônio coletivo e inalterado, característico de todos e cada um daqueles que, pelos mais diversos motivos e apesar de todas as diferenças entre si, aceitam o qualificativo de "lacanianos". Trata-se, precisamente, do uso de uma linguagem que lhes é comum, que põe constantemente em jogo as palavras consagradas pelo ensino magistral e fundador.

Assim, chame-se de *campo freudiano* ou de *campo lacaniano*, em qualquer caso o conteúdo intrínseco de seu discurso delata sua procedência, sem desmedro de sua condição operatória. Assim, no particular, a lógica dos "quatrípodes" deveria ser instrumentada em função dos lugares que a enunciação e o enunciado circunscrevem, e os efeitos que promovem; mesmo assim, ao se prestar atenção aos significantes que funcionam como "marca registrada", constata-se sua repetição sistemática.

Seguindo a asseveração de Lacan, "...para constatar a consistência de uma teoria, tem de se aplicar à mesma os supostos nos quais ela se baseia",[2] então uma escuta analítica de como os lacanianos falam, das peculiaridades de sua maneira de falar e dos vocábulos sempre presentes inclina, pela via descritiva, ao aproveitamento do neologismo *lacanês*, que, pelo menos no Brasil, tem sido usado para designar essa classe ímpar de glossolalia.

Isso posto, antecipemos o objetivo deste *paper*: definir o *lacanismo* de várias maneiras, a começar pelo código linguístico que o configura e determina. Em seguida, verificar como essa linguagem típica delimita territórios e ordens de pertinência que, em ocasiões, coincidem com instituições formais, sem que isso seja uma condição de existência. Inclusive, uma certa vulgarização de alguns termos-chaves faz tempo que extrapolou seus contextos primários, e suas ressonâncias podem ser ouvidas extramuros, éxtimo de escolas e institutos partidários.

Por outro lado, e ao mesmo tempo, para fazer jus ao sufixo "ismo" na designação de uma tendência coletiva, resulta imprescindível lançar mão de uma perspectiva que leve em conta algumas coordenadas sociológicas. Contudo, até agora e por enquanto, isso quase nunca foi feito.

Pelo contrário, a regra tem sido a malversação da frase de Lacan antes citada. Daí, costuma ser de praxe a invocação do *discurso do mestre*, por exemplo, para tentar explicar impasses de política institucional, disputas pelo poder ou até interesses setoriais e pessoais; o *discurso universitário*, para se referir aos problemas da transmissão do saber teórico; o *narcisismo das pequenas diferenças*, para aludir aos atritos e brigas em torno do prestígio, da propriedade intelectual das ideias etc. e tal. Tudo bem, mas, dependendo das circunstâncias, a aplicação dos conceitos abstratos à vida cotidiana, embora faça sentido, pode servir também para ocultar causas, motivações e interesses bem concretos.

Por isso, entendendo o *lacanismo* como um movimento, não deveria ser negligenciado — numa leitura de seu viés socioeconômico — tudo aquilo que orienta os critérios da produção e do consumo dos bens de uso e de troca, sejam livros, seminários, análises, supervisões e tantos outros itens. Em poucas palavras, a circulação do dinheiro precisa ser pensada nos termos do objeto, do circuito pulsional, das equivalências simbólicas, da satisfação espúria que proporcionam no psiquismo... Porém, tudo isso, desconhecendo as relações capitalistas que a psicanálise — como tantas outras *praxis* — promove e usufrui, passaria a ser, mais do que um erro espistemológico, um engodo.

Outrossim, a ideologia — seja da própria psicanálise, e ainda da sociedade em que ela é praticada — permeia e deturpa, aleivosamente, seu exercício, tanto o clínico quanto o teórico.

O fato bem conhecido de Lacan ter se defrontado com a obra de Marx em determinado momento de seu ensino, promovendo um transvasamento entre o *objeto a* e a *mais-valia*, na cristalização do *sintoma*, depois falando de um discurso capitalista, não exime seu patrimônio intelectual — e as ressonâncias culturais de sua prédica — de uma perscrutação marxista.

Todas essas inferências, e muitas mais, deveriam ser tratadas por extenso, provavelmente em melhor ocasião. Neste artigo, apenas se pretende reafirmar a inescapável tarefa de se pensar o *lacanismo* com seus próprios parâmetros, em sua singularidade, mas sem esquecer que, como qualquer outra movimentação de um grupo humano sob a égide da civilidade, também esta sujeitado pelas leis da História e suas vicissitudes dialéticas.

Voltemos ao ponto nodal. Jacques Lacan, gênio e figura, antes vivo e já não mais, congregou um sem-número de discípulos e seguidores. Como alguma vez dissera, fez escola porque conseguiu transmitir um estilo que nunca independeu dos termos com que fazia circular o saber. Por sua vez, parece inevitável que esses termos afetem os sujeitos que deles se servem, subscrevem e se submetem A resultante disso seria o *lacanês*, a ser compreendido da seguinte maneira: aquém de qualquer trejeito identificatório com o mestre no mimetismo de sua performance, e para além da emulação de sua verborragia na transmissão da sua retórica, tomou-se conspícuo um repertório de significantes tradicionais. Na constância desse jeito, foi decantando e precipitando um jargão.

Segundo Peter Burke, em seu livro sobre o assunto,[3] um jargão constitui "...um certo tipo de linguagem específica, usada exclusivamente por um determinado grupo social, com a finalidade não só de comunicar, como de identificar reciprocamente seus usuários, operação inclusiva que exclui — ao mesmo tempo — aqueles que não são participantes do mesmo código".

Sempre existiram jargões, até em demasia, sobejamente espalhados pelo mundo afora. Via de regra, cada profissão tem o seu, assim como qualquer agrupamento com objetivos comuns, reunindo um contingente de pessoas que bem se entende quando fala, porque todos dizem a mesma coisa, sabida e sacramentada nas modalidades familiarizadas das palavras usuais. É óbvio que isso poderia ser críptico para quem não faz parte do conjunto, ou ignora o significado das palavras mestras, ou não consegue interpretá-las de forma correta.

Por essas e outras, o estatuto do jargão costuma ter uma conotação pejorativa. Como Burke aponta, ao longo dos séculos, na convivência urbana, os jargões assimilam alguns e afastam outros. Então, os que ficam siderados execram os de dentro, por considerá-los elitistas; portanto, desprezíveis. O fato de muitos se relacionarem entre si sem deixar isso acontecer com os que não partilham o código — ou, como diria Lacan muito mais tarde,[4] parafraseando Bergson, "deixando de lado os que não são da paróquia" — acaba gerando antipatia e favorecendo o escárnio.

Non solum, sed etiam: nesses casos, a segregação pode ser contumaz. Se todos falam a mesma língua — o vernáculo —, mas alguns, por utilizarem termos técnicos ou restritos, só se reconhecem entre si por essa prática, não apenas excluem os que a desconhecem como também geram uma agressividade intencional, apanágio de quem se sente rejeitado, despejado do laço social.

No lacanismo, o uso exaustivo de uma linguagem altamente caprichada, pela insistência dos significantes que lhe são inerentes, não obstante facilitar o usufruto do verbete entre colegas, inibe o intercâmbio com os que não a compreendem. Em certa medida, isto acontece, às vezes, no debate entre lacanianos e analistas de outros *pedigrees* que, apesar de professarem idêntico *métier*, talvez nunca consigam concordar sobre os alcances dele. Qualquer "confusão de línguas", na melhor estirpe ferencziana, está longe de ser raridade. Em outras efemérides, quando se trata da interdisciplinaridade e da intertextualidade, existe consuetudinariamente o risco de que a interlocução não prospere, se for descuidada a compatibilização das argumentações.

Tudo isso poderia acontecer, em termos de mal-entendidos e atrapalhações, dependendo de alguma disciplina arbitrária qualquer, na medida em que a dimensão lexical entabulada entre linguagens especiais carece de garantias previas de decifração mútua. No entanto, o *lacanês* acrescenta um estorvo extra, se considerarmos que os *matemas* — geralmente tão apreciados quanto inteligíveis para seus usuários — costumam ser mistérios gozosos para quem não é do ramo.

Diálogo de surdos? Educação impossível? Não há relação intelectual? Seria o enigma o suprassumo do sentido? Mais, ainda... ou pior.

Com uma certa impertinência, possível desde que evitados os laivos de reverência quase religiosa que, em alguns momentos, parecem tomar conta do lacanismo, nada impediria que a mestria da arenga possa ser interpretada livre e heuristicamente. Assim, a "Proposição de 9 de outubro de 1967", contendo questões cruciais e desafios à altura dos descalabros da formação analítica, poderia fornecer um parâmetro analógico para organizar o universo profissional que nos diz respeito. Destarte, mais do que se falar em "Psicanálise em extensão e em intenção" — para tentar driblar a aporia da pureza versus a aplicação —, talvez fosse possível insistir na extensão e na intenção sim, mas, precisamente, do próprio lacanismo. No primeiro caso, na dedicação exaustiva ao público interno, o rigor deveria ser o ideal da transmissibilidade do discurso, na certeza da comunhão premeditada entre seus interessados, sem temor de pregar aos já conversos. No segundo, todavia, a alteridade do interlocutor — por definição, aquele que não partilha as mesmas convicções — mereceria ser respeitada na direta proporção do intuito de falar se fazendo ouvir, querendo ser entendido. Nesse particular, a álgebra matêmica — tida e havida como infalível — teria que dar lugar à prosa profana, imprecisa, porém boa de papo, para não se perder no barroquismo da trama dos conceitos nem se apegar às interpretações bairristas. Cuidando, contudo, para não baratear o calibre teórico, convém aplainar as arestas da difícil troca de experiências entre pontos de vista divergentes, em prol da biodiversidade do diálogo, seja entre pares e/ou díspares.

Essas considerações declinam qualquer pretensão de solucionar a alçada babélica da prática analítica, equívoca por excelência. Antes, seria mais adequado circunscrever o problema, para poder pensá-lo em seu valor de impasse. No final das contas, o que seria o lacanismo senão um conjunto sistematizado de sintomas, todos aqueles que decorrem da institucionalização da língua de Lacan?

O *lacanês*, então, fascina seus verbocratas quando modulado em voz alta, no gozo ativo dos prestígios do jargão. Urge desmontar o relevo imaginário que transformou a consistência lacaniana do discurso psicanalítico na inconsistência de um idioma reduzido ao prazer de uso daquelas consignas que, de forma redundante, viram palavras de ordem.

Voltando ao início de tudo, e para concluir parcialmente, mencionemos que a continuidade destas reflexões levaria, por tabela, ao estudo exaustivo das manifestações e latências do *millerismo*, a etapa superior do lacanismo.

NOTAS
[1] Goffmann, Irving. *Internados*. Madri: Siglo XXI, 1970.
[2] Caruso, Paolo. *Conversaciones com Lévi-Strauss, Foucault e Lacan*. Buenos Aires: Anagrama, 1972.
[3] Burke, Peter. *Jargões e linguagens*. São Paulo: Unesp, 1997.
[4] Lacan, Jacques. *Las formaciones del inconsciente*. Buenos Aires: Nueva Visión, 1970.

INTRODUÇÃO ÀS INTRODUÇÕES

Certa vez, o escritor Jorge Luis Borges, reunindo num só livro os prólogos que fez para obras alheias, produziu mais um, que caracterizou como "prólogo de prólogos". Tema borgiano, sem dúvida.

Uma lista cronológica dos trabalhos de Lacan, ainda com mais razão, merece uma introdução às introduções. Pois se a vastidão de sua obra torna necessária uma orientação para sua compreensão, também a promessa de "chaves" para sua leitura requer certos cuidados.

Um deles é que ninguém pode oferecer uma versão inquestionável e absoluta sobre o sentido dessa produção. Outro, que mesmo que os autores das introduções a Lacan conhecessem a totalidade de sua obra, coisa que raramente acontece, nada os autorizaria a privilegiar alguns elementos em detrimento de outros.

Esses reparos, no entanto, não inviabilizam as tentativas de se ordenar e agrupar conceitos e épocas do ensino de Lacan, visando facilitar o acesso do neófito a ele. Só que a convenção das divisões, cuja finalidade didática poderia ser de utilidade para o leitor, fala quase sempre mais do percurso do introdutor que do próprio Lacan.

Queremos afirmar com isso que ninguém escapa de ter que fazer sua leitura. Nem que comece se encostando na leitura dos outros. Entretanto, haveria de precaver contra aqueles autores que, imbuídos de uma certeza característica da paranoia, pretendem ser a sua, claro, a única e verdadeira leitura.

Assim prevenidos, podemos abordar as várias formas em que o produzido por Lacan foi sinalizado. Entre elas, a título de ilustração, a primeira seria a aplicação de um parâmetro estritamente histórico-cronológico. Nessa perspectiva, poderíamos situar os artigos escritos entre 1926 e 1934, fruto de sua especialização em neurologia e psiquiatria. Depois, de 1934 a 1953, seus trabalhos decorrem da adesão à psicanálise, dando base ao questionamento dos modelos nos quais sua formação se efetuou.

Um terceiro período, de 1953 a 1964, marca sua ruptura com a IPA, e o início da emergência de um pensamento teórico que foi designado como "retorno a Freud".

Finalmente, um quarto período, de 1964 a 1981, em que a terminologia e as articulações são específicas de um esquema conceitual próprio, que seria o que se conhece, hoje, como "psicanálise lacaniana".

Traçando um paralelo com Freud — que dentro das consequências de seu pensamento teria se tornado freudiano só em 1925, após o artigo sobre "A denegação" — poder-se-ia dizer, *grosso modo*, que Lacan se torna lacaniano em 1964, momento em que apresenta uma visão da psicanálise total e exclusivamente baseada em suas conclusões. Cumpre acrescentar que a virada se refere à formalização do conceito de "objeto a", derivado da ideia freudiana da "coisa" (*das ding*), abordado em 1960 no seminário sobre a ética e articulado no seminário sobre os quatro conceitos fundamentais da psicanálise.

Da mesma forma, outro ponto de viragem se situa em 1972, no seminário "Mais, ainda", em que o tema do gozo, já elaborado desde a ética, passa a ser o centro em torno do qual gira a questão do real na prática analítica.

Outra maneira de se convencionar a sequência do ensino de Lacan não tem que ver com a referência temporal, senão com a lógica interna dos desenvolvimentos teóricos. Esse modelo apontaria três etapas: a primeira iria de 1936, ano da apresentação, no Congresso Internacional de Psicanálise de Mariembad, do texto sobre "O estado do espelho", até 1953, ano da leitura, no Congresso de Roma, de "Função e campo da palavra e da linguagem na psicanálise". Esse período se caracterizaria pela delimitação do registro do Imaginário.

A segunda etapa de 1953, com o já citado "Informe de Roma", até 1976, poria em evidência o registro do Simbólico.

Finalmente, uma terceira etapa se estenderia de 1976, ano do seminário "Le sinthome", até as últimas produções de Lacan em 1980, período que se destaca pela ênfase dada ao registro do Real. Junto com isso, considere-se a inter-relação desses três registros a partir de sua amarração "borromeana".

Uma outra tentativa de vetorizar a obra lacaniana, mais detalhada que as anteriores, permite uma panorâmica minuciosa de suas interseções conceituais, sem desconhecer as articulações precedentes. Essa proposta, elaborada por Carlos Faig, cristaliza os temas dos seminários e dos escritos em função de sete subdivisões:

1) Seminários 1 a 4: desenvolvem o conceito de intersubjetividade, a partir dos esquemas L, lambda e R. O seminário 4 situa-se no limite do nascimento do "objeto a".

Os escritos correlatos são: "A agressividade", "O estado do espelho", "Introdução e resposta a Jean Hyppolite", "Função e campo da palavra", "A carta roubada", "A coisa freudiana" e "Questão preliminar a todo tratamento possível da psicose".

2) Seminários 5 a 8: descrevem os gráficos do desejo, e a relação entre o significante e o objeto parcial. Se correspondem com: "A instância da letra", "Significação do falo", "Direção do tratamento", "Metáfora do sujeito", os textos sobre os trabalhos de Lagache e Jones, e "Kant e Sade".

3) Seminários 9 a 12: exemplificam a chamada "álgebra lacaniana", em estreita relação com a fundamentação da aritmética no logicismo matemático depois de Frege. Associam-se a "Subversão do sujeito", "Posição do inconsciente" e "Ciência e verdade".

4) Seminários 10 a 16: referem-se ao ato analítico, dando uma forma acabada à questão da transferência. Uma resultante disso é a "Proposição de 9/10/67".

5) Seminários 16 a 18: tematizam os quatro discursos, suas articulações e disjunções.

6) Seminários 15, 18 e 20: definem as fórmulas quânticas da sexuação. O escrito emergente é "L'etourdit".

7) Seminários 21 a 27: conceitualizam os nós borromeanos.

Voltando às introduções à obra de Lacan, os diversos autores pretendem fornecer chaves, soluções de enigmas, conselhos, às vezes úteis, herméticos ou esdrúxulos, testemunhando as dificuldades de aproximação ao assunto em questão. Por exemplo, às vezes Lacan é introduzido através de aforismas, de maneira dogmática. Ou senão, via discurso universitário, seu pensamento é reduzido à dimensão de uma tese. Para não falar dos manuais "a la Fenichel" que banalizam tudo, ou as tentativas de situar Lacan desde outras disciplinas, sempre parcialmente, quando não de forma ingênua.

Uma outra vertente, propriamente psicanalítica, é abordar Lacan pelo estilo. A empresa é válida só na medida em que a subjetividade do autor possa ficar entre parênteses, para não desvirtuar a proposta.

Definitivamente e apesar do próprio Lacan afirmar que seus escritos não eram para ser lidos, sobra para o interessado o desafio da travessia pelos textos, num mergulho fundo nos meandros significantes da coisa lacaniana.

SISTEMA DE PENSAMENTO

A presente listagem cronológica das obras de Jacques Lacan tem o intuito de dar continuidade à difusão de seu ensino em nosso meio. Sua vasta produção foi desenvolvida ao longo do tempo sem interrupções e, ainda que seja possível estabelecer cortes nela e pontos de virada, seu conjunto apresenta uma coerência proporcional a sua extensão. Tem sentido, então, o recurso à cronografia, a maneira mais evidente de ordená-la, destacando alguns momentos historicamente datados como sinalizações importantes.

O discurso lacaniano desdobra-se em duas perspectivas diferentes, porém simultâneas. Por um lado, na vertente da escrita, tudo o que Lacan foi redigindo e publicando a partir do começo de sua carreira, ainda no campo da psiquiatria, e depois, já na esfera da psicanálise. Por outro, sua prática oratória, na sequência dos seminários, conferências e intervenções, cujo resultado, o registro vivo de sua palavra, também ficou como letra impressa.

Seus seminários e textos guardam estreita correlação, via de regra sendo os segundos consequência dos primeiros. Assim, os mesmos temas, uma vez elaborados conceitualmente na frente dos discípulos, eram formalizados em artigos que, mais tarde, seriam compilados com a denominação genérica de *Escritos*. Dessa forma, se alguma vez o destinatário de sua prédica centrou-se tão-só nos seus ouvintes, espectadores de sua performance, a dimensão literária, logo depois, situou no papel de leitor a qualquer interessado em seu ensino.

Em termos comparativos, sua produção, oral e escrita, somada, é maior que a de Freud, parâmetro constante de referência. Não há, por enquanto, "obras completas" de Lacan, organizadas sistematicamente numa coletânea de volumes. Seus trabalhos publicados, junto com os seminários editados, são a parcela conhecida desta obra, sem que se saiba ao certo se existem outras coisas que ainda não vieram à luz.

Uma diferença notável entre Freud e Lacan tem que ver com o espaço do dizer. O que Freud alguma vez falara perdeu-se; sua palavra, efemeramente, foi apenas ouvida por seus interlocutores imediatos. Inclusive, quando Freud — por exemplo, nas *Lições introdutórias* — afirmava serem conferências públicas, sabe-se que, de fato, se tratava de um recurso fictício, pois tais conferências nunca aconteceram, sendo mais um artifício retórico de exposição que uma realidade discursiva. Já Lacan, filho desse século tecnológico, pôde se aproveitar do gravador, invento que permite conservar o proferido *ipsis literis*, dando lugar, posteriormente, à transcrição ao pé da letra.

A passagem da fala de Lacan à escrita não aconteceu sem mediações. Algumas vezes, sua palavra foi resumida por terceiros. Tal foi o caso das resenhas de "Formações do inconsciente" e o "Desejo e sua interpretação" feitas por J.B. Pontalis, ou da "Lógica do fantasma", de J. Nassif. Há também as versões literais das gravações das fitas dos seminários, acessíveis em edições piratas de confiabilidade variável. Em contrapartida, existem redações definitivas de alguns seminários, realizadas por Jacques-Alain Miller, "supervisor" — no sentido técnico do termo — do discurso lacaniano.

Além da inscrição oficial da fala de Lacan, Miller elaborou um índice temático dos *Escritos* junto com um comentário das representações gráficas e esquemas que constam nos textos.

O ensino de Lacan teve o caráter de uma sucessão através dos anos, sem descontinuidade aparente. As transformações de seu pensamento não provocaram rupturas na coerência dele, que foi mudando, progressivamente, como por uma deformação topológica. Na tentativa de enquadrá-lo, num marco organizado e racional, o trabalho de Miller permite sua consolidação como teoria, num *corpus* estruturado de conceitos.

Apontemos as grandes linhas mestras dessa teoria de maneira abrangente: a definição da psicanálise, ciência do inconsciente, em extensão e intenção, destacando-se as referências freudianas onipresentes, relidas, discutidas e formalizadas; ao mesmo tempo, as invenções lacanianas, isto é, as construções de sua própria lavra. Os pontos de fuga se situam nos cruzamentos intertextuais com outros discursos e disciplinas.

LISTA CRONOLÓGICA DAS OBRAS, ARTIGOS, ENTREVISTAS E INTERVENÇÕES DE JACQUES LACAN

A "Lista cronológica das obras de Jacques Lacan" foi elaborada tendo como referências os trabalhos de Michel De Wolf na *Magazine Littéraire* de 1976; de Juan Carlos Fabricius nos *Cuadernos Sigmund Freud*, n. 7 de 1978; e de Mario Pujó na *Imago*, n. 6 de 1978.

1) NA PSIQUIATRIA (1926-1934)

1926
(Com M.M. Alajouanine e Delafontaine)
"Fixidez do olhar por hipertonia predominante no sentido vertical, com conservação dos movimentos automático-reflexivos; aspecto especial da síndrome de Parinaud por hipertonia associada a uma síndrome extrapiramidal com perturbações pseudobulbares". (*"Fixité du regard par hypertonie prédominant dans le sens vertical, avec conservation des mouvements automatico-réflexes; aspect spécial du syndrome de Parinaud par hipertonie associé a un syndrome extra-pyramidal avec troubles pseudo-bourbaires".*) Sessão da Sociedade de Neurologia de 4 de novembro de 1926. *Revue Neurologique*. 1926, II. Esquemas originais retomados por M.M. Alajouanine e Thurel em *Rev. Neurol.*, fevereiro de 1931; em sua "Revisão dos movimentos associados dos globos oculares (contribuição ao estudo da dissociação das atividades voluntárias e reflexivas)". *"Revision des mouvements associés des globes oculaires (contribuition a l'étude de la dissociation des activités volontaires et réflexes").*

1928
(Com Trénel)
"Abasia numa traumatizada de guerra" (*"Abasie chez une traumatisée de guerre"*) - Soc. Neur. Paris, 2-XI-1928 - *Rev. Neurol.*, 1928, 1.

(Com J. Lévy-Valensi e P. Meignaut)
"Romance policial. Do delírio tipo alucinatório crônico ao delírio de imaginação"; (*"Roman policier. Du délire type hallucinatoire chronique au délire d'imagination"*) - Resumido por Rellier, Soc. Psychiat. Paris, 26-IV-1928, *Rev. Neurol.*, 1928, I. Igualmente *An. Méd. Psychol.*, 1928, 1, e *L'Encéphale*, 1928, 5.

1929
(Com L. Marchand e A. Courtois)
"Síndrome comício — parkinsoniana encefalítica" (*"Syndrome comitio — parkinsonien encéphalitique"*). Resumido por Marchand. Soc. Clin. Medment,

17-VI-1929, *Rev. Neurol.*, 1929, II, igualmente *An. Med. Psychol*, 1929, II, resumido por P. Meignaut em *L'Encéphale*, 1929, 7.

(Com Heuyer)
"Paralisia geral com síndrome de automatismo mental". (*"Paralysis générale avec syndrome d'automatisme mental"*) - Sessão de 20-IV-1929 da Société de Psychiatrie. *L'Encéphale*, 1929, 9.

(Com Toegowla)
"Paralisia geral prolongada". (*"Paralysis générale prolongée"*) - Sessão de 19-XII-1929 da Société de Psychiatrie. *L'Encéphale*, 1930, 1.

1930
(Com A. Courtois)
"Psicose alucinatória encefalítica" (*"Psychose hallucinatoire encéphalitique"*) - Resumida por Marchand. Soc. Clin. méd. ment., 17-XI-1930, *An. méd. psychol.*, 1930, I. Igualmente *L'Encéphale*, 1930, 4. Resumido por P. Schiff sob o título "Psychose hallucinatoire chronique".

"Crises tônicas combinadas de protusão da língua e de trismo acontecendo durante o sono de uma parkinsoniana pós-encefalítica. Amputação consecutiva da língua" (*"Crises toniques combinées de protusion de la langue et de trismus se produiçant pendant le sommeil chez une parkinsonienne postencéphalitique. Amputation de la langue consécutive"*). Soc. Psychiat. P. 20-XI-1930, *L'Encéphale*, 1931, 2 - Resumido por Baruk em *An. Méd. psychol.*, 1930, II.

(Com P. Schiff e Mme. Schiff-Werheimer)
"Perturbações mentais homocrômicas em dois irmãos heredossifilíticos". (*"Troubles mentaux homochromes chez deuxfreres héredosyphilitiques"*). Soc. Psychiat. P. 20-XI-1930, *L'Encéphale*, 1931,1.

1931
"Estruturas das psicoses paranoicas". ("*Structures des psychoses paranoiaque*"). Semaine des Hôpitaux de Paris.

(Com H. Claude e P. Migault)
"Loucuras simultâneas" (*"Folies simultanées"*) - Soc. méd. psychol. 21-V-1931, resumido por Coubourn em *L'Encéphale*, 1931, 7.

(Com J. Lévy-Valensi e P. Migault)
"Perturbações da linguagem escrita em uma paranoica apresentando elementos delirantes do tipo paranoico (esquizografia)". (*"Troubles du langage écrit chez une paranoiaque Presentaru des elements du type paranoide (schizographie)"*). - Soc. méd. psychol. 12-XI-1931 - *An. méd.*

psychol., 1931, II. Resumido de uma comunicação que será publicada integralmente sob o título "Escritos 'inspirados': esquizografia" (*"Ecrits 'inspires': schizographie"*). Igualmente resumido por Couborn sob o título "Delírio e escritos de tipo paranoide em uma doente de apresentação paranóica". (*"Délire et écrits a type paranoide chez une malade a présentation paranoiaque"*), *L'Encéphale*, 1931, 1.

(Com H. Ey)
"Parkinsonismo e síndrome demenciais. Protusão da língua em um dos casos". (*"Parkinsonisme et syndromes dementiels. Protusion de la langue dans un des cãs"*) - Soc. méd. psychol., 12-XI-1931 - *An. méd. psychol.*, 1931. Resumido por Courbon em *L'Encéphale*, 1931, 10.

(Com Lévy-Valensi e P. Migault)
"Escritos 'inspirados': esquizografia" ("Écrits 'inspires': schizographie"), *An. méd. psychol.*, 1931, II.

1932
(Com H. Claude e P. Migault)
"Espasmo de torção e perturbações mentais pós-encefalíticas" (*"Spasme de torsion et troubles mentaux post-encephalitiques"*) - Soc. méd. psychol., 1932, I. Resumido por Courbon em *L'Encéphale*, 1932, 6.

Tradução de Freud, S. "Sobre alguns mecanismos neuróticos no ciúme, na paranoia e na homossexualidade" (*"De quelques mécanismes néurotiques dans la jalousie, la paranoia et l'homosexualite"*), 1922, *Rev. Franç. psychanal.*, 1932, 3.

"Da psicose paranoica em suas relações com a personalidade" (*"De la psychose paranoiaque dans ses rapports avec la personnalité"*) - Tese para o doutorado em medicina - Faculdade de Medicina de Paris - *Le François*, 1932.

1933
"Hiato irracional" (*"Hiatus irrationalis"*), *Le Phare de Neullty*, 1933.

(Com Claude e G. Heuyer)
"Um caso de demência precocíssima". (*"Un cas de démence précocissime"*) - *Soc. méd. psychol.*, 9-IV-1933, I. Resumido por Courbon em *L'Encéphale*, 1933, 6.

(Com G. Heuyer)
"Um caso de perversão infantil por encefalite epidêmica precoce diagnosticada sobre uma síndrome motora incompleta". (*"Un cas de perversion infantil par encephalite épidémique précoce diagnostiqué sur un syndrome moteur frustre"*).

Soc. med. psychol., 13-VII-1933 - *An. méd. psychol.*, 1933 II. Resumido por Courbon em *L'Encéphale*, 1933, 8.

(Com G. Heuyer)
"Alcoolismo subagudo e pulso normal ou lento: coexistência da síndrome de automatismo mental" (*"Alcoolisme subaigu à pouls normal ou ralenti: coexistence du syndrome d'automatisme mental"*). *Soc. méd. psychol.*, 27-XI-1933 - *An. med. psychol.*, 1933, II. Resumido por Courbon em *L'Encéphale*, 1934, I.

"O problema do estilo e a concepção psiquiátrica das formas paranoicas da experiência" (*"Le probleme du style at la conception psychiatrique desformes paranoiaques de l'experience"*) - *Le Minotaure*, 1933, 4.

"Motivos do crime paranoico. O crime das irmãs Papin" (*"Motifs du crime paranoiaque. Le crime des soeurs Papin"*) - Le Minotaure, 1933. Retomado na revista *Obliques*, 1972, 2.

(Com G. Heuyer)
Ata do Congresso Internacional para a Proteção da Infância, 1933. "Importância das perturbações do caráter na orientação profissional" ("lmportance des troubles du caractère dans l'orientation professionnele").

Exposição perante a 84ª Assembleia da Sociedade Suíça de Psiquiatria, consagrada ao problema das alucinações. Sessão de 8-X-1933. *L'Encéphale*, 1933, 2.

Intervenção na discussão sobre o informe de J. Piaget, "A psicanálise e o desenvolvimento intelectual" (*"La psychanalyse et le développement intellectuel"*). - VIII Congresso de Psicanalistas de Língua Francesa, 19-XII--1933 - *Rev. Franç. Psychanal.*, 1934, I.

2) NA SOCIEDADE PSICANALÍTICA DE PARIS (1934-1953)

A. ANTES DA GUERRA

1934
Intervenção na discussão sobre a exposição de Ch. Odier. "Conflitos instintuais e bissexualidade" (*"Conflits instinctuels et bisexualité"*) - *Soc. Psychanal.*, Paris, 20-XI-1934, *Rev. Franç. Psychanal.*, 1935, 4.

Intervenção na discussão sobre a exposição do D. Friedman, "Algumas reflexões sobre o suicida" (*"Quelques réflexions sur le suicide"*) - *Soc. Psychanal.*, Paris, 18-XII-1934 - *Rev. Franç. Psychanal.*, 1935, 4.

1935
Comentário de "Alucinação e delírio" ("*Hallucination et délire*") por H. Ey. *Evolut. Psychiat.*, 1935, 1.

Comentário de "O tempo vivido. Estudos fenomenológicos e psicológicos" ("*Le temps vécu. Etudes phénoménologiques et psychologiques*") de E. Minkowski, *Rech. Philos.*, 1935-1936, 4.

Intervenção na discussão sobre a exposição de O. Codet. "A propósito de três casos de anorexia mental" ("*A propos de trois cas d'anorexie mentale*") - *Soc. Psychanal.*, Paris, 18-VI-1935 - *Rev. Franç. Psychanal.*, 1936, 1.

1936
XIV Congresso Psicanalítico Internacional em Marienbad, de 2 a 7-VIII-1936 - Comunicação: "O estado do espelho; teoria de um momento estruturante e genético da constituição da realidade concebido em relação com a experiência e a doutrina psicanalítica" ("*Le stade du miroir, theorie de un moment structurant et génetique de la constitution de la réalité conçu en relation avec l'expérience et la doctrine psychanalytique*"), feita em 3-VIII-1936. O orador não apresentou resumo de sua exposição, somente seu título é mencionado em: (1937) "O estádio do espelho" ("*The looking-glass phase*") Int. J. Psycho - *Anal.*, 1937, I.

"Além do princípio da realidade" ("*Au-delà du principe de réalité*") redigido em Mariembad e Noirmoutier, agosto-outubro, 1936. *Evolut. Psychiat.*, 1936, 3. Reaparece em *Escritos*, 1966.

1937
Intervenção na discussão sobre a exposição de M. Bonaparte, "Vistas paleobiológicas e biopsíquicas" ("*Vues paleóbiologiques et biopsychiques*") *Soc. Psychanal.*, Paris, 19-1-1937 - *Rev. Franç. Psychanal.*, 1938, 3.

Intervenção na discussão sobre a exposição de D. Lagache, "Luto e melancolia" ("*Deuil et melancolie*") - *Soc. Psychanal.*, Paris, 25-V-1937, *Rev. Franç. Psychanal.*, 1938, 3.

1938
Intervenção na discussão sobre o informe de Loewenstein "A origem do masoquismo e a teoria das pulsões" ("*L'origine du masochisme et la théorie des pulsions*") na X Conferência de Psicanálise de Língua Francesa - 21 e 22-11-1938. *Rev. Franç. Psychanal.*, 1938, 4.

"A família: o complexo, fator concreto de patologia familiar. Os complexos familiares em patologia" ("*La famille: le complexe, facteur concret de la pathologie familiale. Les complexes familiales en pathologie*" - *Encyclopédie*

Française, 1938 - Larousse, Paris, t. 8, sobre "A vida mental", dirigida por Wallon.

Resumo (pelo próprio Lacan) de uma comunicação. "Do impulso ao complexo" (*"De l'impulsion au complexe"*) - Soc. Psychanal., Paris, 25-X-1938 - seguido da discussão - *Rev. Franç. Psychanal.*, 1939, I.

B. DEPOIS DA GUERRA

1945
"O tempo lógico e a asserção da certeza antecipada. Um novo sofisma" (*"Le temps logique et l'assertion de certitude antecipée. Un nouveau sophisme"*) - *Cahiers d'art*, 1940-1944. Reaparece em *Escritos*, 1966.

1946
"O número treze e a forma lógica da suspeita" (*"Le nombre treize et la forme logique de la souspicion"*) - *Cahiers d'art*, 1945-1946.

"Sobre a causalidade psíquica" (*"Propos sur la casualité psychique"*) - Pronunciado em 28-IX-1946 nas Jornadas Psiquiátricas de Bonneval. Coletivo: L. Bonnafé, H. Ey, S. Follim, J. Lacan e J .Rouart. "O problema da psicogênese das neuroses e das psicoses". Desclés de Brouwer, Paris, 1950. Reaparece em *Escritos*, 1966.

1947
"A psiquiatria inglesa e a guerra" (*"La psychiatrie ang laise et la guerre"*) - *Evol. Psychiat.*, 1947, I.

1948
Intervenção na discussão da exposição de Francis Pasche, sobre "A delinquência neurótica". Soc. Psychanal., Paris, 17-XI-1948.

Intervenção na discussão da exposição se S.A. Shentoub, sobre os "Comentários metodológicos sobre a socioanálise". Soc. Psychanal., Paris, 14-XII-1948.

Intervenção na discussão sobre a exposição de J. Lemba, "Mãe fálica e mãe castradora" (*"Mère phallique et mère castratrice"*) - Soc. Psychanal., Paris, 20-IV-1948, *Rev. Franç. Psychanal.*, 1949, 3.

"A agressividade na psicanálise" (*"L'agressivité en psychanalyse"*) - Informe apresentado ao XI Congresso de Psicanálise de Língua Francesa em Bruxelas, maio de 1948. *Rev. Franç. Psychanal.* 1948, 3. Reaparece em *Escritos*, 1966, com uma ligeira modificação na primeira frase.

"Ensaio sobre as reações psíquicas do hipertenso" (*"Essai sur les réactions psychiques de l'hipertendu"*) - Congresso Francês de Cirurgia, 1948 - Informe por M.S. Bloudin e A. Weiss com a colaboração de C. Rouvillois e J. Lacan: "O tratamento cirúrgico da hipertensão arterial". Texto consagrado aos fatores psíquicos da hipertensão arterial redigido por Lacan. Congresso de 4 a 9-X-1948.

Intervenção na discussão sobre a exposição de F. Ziwar, "Psicanálise das principais síndromes psicossomáticas" (*"Psychanalyse des principaux syndromes psychosomatiques"*) - Soc. Psychanal., Paris, 14-XII-1948 - Rev. Franç. Psychanal., 1949, 3.

1949
Participação na redação do "Regulamento e doutrina de Comissão do Ensino delegado pela Sociedade Psicanalítica de Paris" (*"Réglement et Doctrine de la Comission d'Enseignement délegé par la Société Psychanalytique de Paris"*) - Rev. Franç. Psychanal.,1949, 4. E no outro informe dessa mesma Comissão de Ensino: "Os conselheiros e conselheiras de crianças admitidos pela Sociedade Psicanalítica de Paris" (*"Les conseillers et conseilleres d' enfants agées par la Societé Psychanalytique de Paris"*) - Rev. Franç. Psychanal., 1949, 4. Intervenção na discussão sobre a exposição de R. Held. "O problema da terapêutica em medicina psicossomática" (*"Le probléme de la thérapeutique en médicine psychosomatique"*) - Soc. Psychanal., Paris, 20-VI-1949. Rev. Franç. Psychanal., 1949, 4.

"O estádio do espelho como formador da função do Eu, tal como nos é revelada na experiência psicanalítica" (*"Le stade du miroir comme formateur de la fonction du Je, telle qu' elle nous est révéllée dans l'experience psychanalitique"*) - comunicação feita ao XIV Congresso Internacional de Psicanálise de Zurique, 17-VIII-1949, Rev. Franç. Psychanal., 1949, 4. Reaparece em *Escritos*, 1966.

The mirror-stage, source of the I-function, as show by psycho-analytic experience. Resumo pelo autor da comunicação de Zurique. Int. J. Psycho-Anal., 1949, XXX.

Intervenção na discussão sobre a exposição de M. Bonaparte "Psiquê na natureza, ou os limites da psicogênese" (*"Psyché dans la nature, ou les limites de la psycho-genêse"*) - Soc. Psychanal., Paris, 1949, 4, 16-XI-1949 - Rev. Franç. Psychanal., 1949, 4.

Intervenção na discussão sobre a exposição de M. Bouvet "Incidências terapêuticas da tomada de consciência da inveja do pênis em casos de neuroses obssessivas femininas" (*"Incidences thérapeutiques de la prise de conscience de l'envie du pénis dans des cas de névrose obsessionnelle fémenine"*) - Soc. Psychanal., Paris, 20-XII-1949 - Rev. Franç. Psychanal., 1949, 4.

1950
(Com M. Cénac)
"Introdução teórica das funções da psicanálise na criminologia" (*"Introduction théorique aux fonctions de la psychanalyse en criminologie"*) - Comunicação para a XII Conferência de Psicanalistas de Língua Francesa, 29-V-1950. *Rev. Franç. Psychanal.*, 1951, I. Mais: resposta de Lacan a perguntas dos interpelantes. Ibid. Reaparece em *Escritos*, 1966, sem as respostas.

Intervenções no Primeiro Congresso Mundial de Psiquiatria em 1950, nas exposições de F. Alexander, A Freud, M. Klein e R. de Saussure, na V sessão do evento. AS.I. n. 1172, Paris Herman, 1952.

1951
Intervenção sobre a transferência (*"Intervention sur le transferi"*) - XIV Conferência de Psicanalistas de Língua Francesa, 1951 - *Rev. Franç. Psychanal.*, 1952, 1-2. Reaparece em *Escritos*, 1966, com uma breve introdução original, menos duas pequenas passagens.

"Algumas reflexões sobre o eu" (*"Some rejlections on the Ego"*) - Comunicação à British-Psycho-Analytical Society em 2-V-1951. Int. J. Psycho-Anal., 1953, XXXIV.

Seminário 1951-1952 sobre o "Homem dos ratos". Inédito.

1952
Seminário 1952-1952 sobre o "Homem dos lobos" e o caso "Dora". Inédito.

1953
"Proposta de estatutos para o Instituto de Psicanálise" (*"Statutes proposés pour l'Institut de Psychanalyse"*) - Apresentado na assembleia da Sociedade, janeiro de 1953. La scission de 1953. *Omicar?*, 1976.

Carta a Jenny Roudinesco, de 24-V-1953. La scission de 1953. *Ornicar?*, 1976.

Carta a P.N. Perrotti, de 14-VII-1953. La scission de 1953. *Omicar?*, 1976.

Carta a Michael Balint, de 14-VII-1953. La scission de 1953. *Ornicar?*, 1976.

Carta a Rudolph Loewenstein, de l4-VII-1953. La scission de 1953. *Omicar?*, 1976.

Carta a Heinz Hartmann, de 21-VII-1953. La scission de 1953. *Ornicar?*, 1976.

(Com R. Levy e H. Danou-Bouileau)
"Considerações psicossomáticas sobre a hipertensão arterial" (*"Considerations psychosomatiques sur l'hypertension artérialle"*) - *Evolut. Psychiat.*, 1953, 3.

"O mito individual do neurótico ou 'Poesia e Verdade' na neurose" (*"Le mythe individuei du névrose ou 'Poésie et Vérite' dans le névroses"*) - Exposição ao Colégio Filosófico. Texto aparecido sem ter sido corrigido por Lacan. Centro de Documentação Universitária (C.D.U.), 1953.

4) NA SOCIEDADE FRANCESA DE PSICANÁLISE (1953-1964)

"Função e campo da palavra e da linguagem na psicanálise" (*"Fonction et champ de la parole et du langage en psychanalyse"*) - Informe ao Congresso de Roma, 26 e 27-IX-1953. *La Psychanalyse*, 1956, I. Reaparece em *Escritos*, 1966, com muitos parágrafos assinalados em nota pelo texto introdutório original.

"Sobre o sujeito enfim em questão" (*"Du sujet enfin en question"*) (1956), "Atas do Congresso de Roma" (*"Actes de Congres du Rome"*) - Discurso de J. Lacan e suas respostas às intervenções, *La Psychanalyse*, 1956, I.

"Simbólico, Imaginário e Real". (*"Le Symbolique, l'Imaginaire et le Réel"*) - Conferência de 8-VII-1953 na S.F.P.

Tradução de "Logos" de Martin Heidegger. *La Psychanalyse*, 1956, I.
Seminário 1 - "Os escritos técnicos de Freud".

1954
"Introdução ao comentário de Jean Hyppolite sobre a *Verneinung* de Freud" e "Resposta ao comentário de Jean Hyppolite sobre a *Verneinung* de Freud" (*"Introduction au commentaire de Jean Hyppolite sur la 'Verneinung' de Freud"*) e (*"Réponse au commentaire de Jean Hyppolite sur la 'Verneinung' de Freud"*) - Seminário de 10-XI-1954, consagrado duranteo ano 1953-1954 aos escritos técnicos de Freud - *La Psychanalyse*, 1956, I. Reaparece em *Escritos*, 1966, precedido de um texto introdutório original (1966) "De um desígnio" (*"D'un déssein"*).

Seminário II - "O eu na teoria de Freud e na técnica psicanalítica".

1955
Resumo da Intervenção de Lacan da exposição de J. Hyppolite, "Fenomenologia de Hegel e psicanálise" (*"Phénonénologie de Hegel et psychanalyse"*) - Soc. Franç. Psychanal., 11-I-1955. *La Psychanalyse*, 1957, 3.

Intervenção na discussão sobre a exposição de J. Favez-Boutonnie "Psicanálise e Filosofia" (*"Psychanalyse et Philosophie"*) - Soc. Franç. Philos., 25-I-1955, resumido por Lacan, *Bull. Soc. Franç. Philos.*, 1955, 1.

"Variantes da cura-tipo" (*"Variants de la cure type"*) - Redigido em Paques, 1955. Aparece na *Encyclopédie médique-chirurgicale*, *Psychiatrie*, tomo III, 2-1955. Suprimido em novembro de 1960. Reaparece em *Escritos*, 1966, precedido de uma breve introdução original e com o primeiro capítulo reescrito.

"O Seminário sobre a 'Carta Roubada'" (*"Le Séminaire sur la 'letre volée'"*) Pronunciado em 26-IV-1955. Escrito e datado em Guitrancourt San Casciano, 15 de maio a 15 de agosto de 1956. *La Psychanalyse*, 1957, 2. Reaparece em Escritos, 1966, precedido de uma introdução "Abertura desta compilação" (*"Ouverture de ce recueil"*). A introdução da primeira versão está situada depois do texto precedido por uma "Apresentação da série" (*"Preséntation de la suite"*), e seguida de "Parêntese dos parênteses" (*"Parenthèse des parenthèses"*) ambos originais, 1966.

"Psicanálise e cibernética" (*"Psychanalyse et cybernétique"*) - Conferência de 22-V-1955. Incluída em *Le Séminaire, livre II*, Paris: Seuil, 1978.

"A coisa freudiana ou o sentido do retorno a Freud na psicanálise" (*"La chose freudienne ou sens du retour a Freud en psychanalyse"*) - Ampliação de uma conferência pronunciada na clínica neuropsiquiátrica de Viena em 7-XI-1955. *Evolut. Psychiat.*, 1956, I. Reaparece em *Escritos*, 1966.

"De urna questão preliminar a todo tratamento possível da psicose" (*"D'une question preliminaire a tout traitment possible de la psychose"*) - Contém o que de mais importante foi apresentado nos dois primeiros trimestres do Seminário do ano 1955-1956. Redação: de dezembro de 1957 a janeiro de 1958. *La Psychanalyse*, 1958, 4. Reaparece em *Escritos*, 1966.

Seminário III - "As psicoses".

1956
(Com W. Granoff)
"Fetichismo: o Simbólico, o Imaginário e o Real" (*"Fetichism: The Symbolic, the Imaginary and the Real"*) em *Perversion: psychodinamics and therapy*. Ed. Lorand, S. e Ballint, em 1964, Londres: Ortolan Press. Primeira edição: Nova York: Random House, Inc., 1956.

Intervenção na discussão sobre a exposição de C. Lévy-Strauss: "Sobre as relações entre a mitologia e o ritual" (*"Sur les rapports entre la mythologie et le ritual"*) - *Bull. Soc. Franç. Philos.*, 1956, 3.

"Situação da psicanálise e formação do psicanalista em 1956" (*"Situation de la psychanalyse et formation du psychanalyste en 1956"*) - A primeira versão existe somente em separata. Segunda versão: *Études Philos.*, número especial sobre a psicanálise, pela comemoração do centenário do nascimento de Freud, 1956, 4. Reaparece em *Escritos*, 1966, em que são restituídas as duas versões diferentes.

Intervenção na discussão sobre a exposição de A. Hesnard. "Reflexões sobre o 'Wo Es war soll Ich werden' de Freud" (*"Réflexions sur le 'Wo Es war soll Ich Werden' de Freud"*) - *Soc. Franç. Psychanal.*, 6-XI-1956, *La Psychanalyse*, 1957, 3.

Transcrição de J.B. Pontalis do Seminário 1956-1957 "A relação de objeto e as estruturas freudianas" (*"La relation d'objet et les structures freudiennes"*), de 21-XI-1956 a 3-VII-1957. *Bull. Psychol.*, tomo X (1956-1957), tomo XI (1957-1958).

Seminário IV - "A relação de objeto e as estruturas freudianas".

1957
Intervenção na discussão sobre a exposição de D. Lagache: "Fascinação da consciência pelo Eu" (*"Fascination de la conscience par le Moi"*) - *Soc. Franç. Psychanal.*, 5-XI-1957, *La Psychanalyse*, 1957, 3.

Intervenção na discussão sobre a exposição de G. Faver "O encontro com o psicanalista" (*"Le rendez-vous avec le psychanalyste"*) - *Soc. Franç. Psycanal.*, 5-XI-1957, *La Psychanalyse*, 1958, 4.

"A psicanálise e seu ensinamento" (*"La psychanalyse et son enseignement"*) - Comunicação apresentada na *Soc. Franç. Philos.*, 23-II-1957. *Bull. Soc. Franç. Philos.*, 1957, 2. Incluído o debate. Reaparece em *Escritos*, 1966, sem o debate.

Intervenção na discussão sobre a exposição de J. Favez-Boutonnier, "Abandono e neurose" (*"Abandon et névrose"*) - *Soc. Franç. Psychanal.*, 7-V-1957, *La Psychanalyse*, 1958, 4.

"A instância da letra no inconsciente ou a razão depois de Freud" (*"La instance de la letre dans l'inconscient ou la raison depuis Freud"*) - Pronunciado em 9-V-1957 no anfiteatro Descartes na Sorbonne, a pedido do grupo de filosofia da Federação de estudantes de Letras. Redação datada em 14-26-V-1957, *La Psychanalyse*, 1957, 3. Reaparece em *Escritos*, 1966, com algumas notas agregadas.

Intervenção na discussão sobre a exposição de P. Matussek, sobre "Psicoterapias de esquizofrênicos". S.F.P., 4-VI-1957. *La Psychanalyse*, 1958, 4.

"Chaves para a psicanálise". (*"Clefs pour la psychanalyse"*) - Entrevista no *L'Express*, Paris, 31-VI-1957.

Transcrição de J.B. Pontalis do Seminário "As formações do inconsciente" (*"Les formations de l'inconscient"*) de 6-XI-1957 a junho 1958. *Bull. Psychol.*, tomo XI (1957-58), tomo XVI (1958-59).

Seminário V - "As formações do inconsciente".

1958
"Juventude de Gide ou a letra e o desejo" (*"Jeunesse de Gide ou la lettre et le désir"*), sobre um livro de Jean Delay e outro de Jean Schlumberger. *Critique*, 1958, 131. Reaparece em *Escritos*, 1966.

"A significação do falo 'Die Bedentung des Phallus'"("La signification du phallus 'Die Bedentung des Phallus'") - Conferência no Institut Max Planck de Munich 9-V-1958 a convite do Prof. P. Matussek, que aparece sem modificação salvo uma curta introdução em *Escritos*, 1966.

Transcrição por J.B. Pontalis do Seminário 1958-1959. "O desejo e sua interpretação" (*"Le désir et son interpretation"*) de 12-XI-1958 a 11-XI-1959. *Bull. Psychol.*, tomo XIII (1959-1960).

Observações sobre o informe de Daniel Legache: "Psicanálise e estrutura da personalidade" (*"Psychanalyse et structure de la personalité"*) - Informe ao Colóquio de Royaumont, 10-13-VIII-1958. Redação definitiva: Paques 1960. *La Psychanalyse*, 1961, 6, III. Reaparece em *Escritos*, 1966.

"A direção do tratamento e os princípios de seu poder" (*"La direction de la cure et les princips de son pouvoir"*) - Primeiro informe ao colóquio Internacional de Royaumont, reunido de 10 a 13-VII-1958 por convite da *Soc. Franç. de Psychanalyse*, 1961, 6. Reaparece em *Escritos*, 1966; uma transcrição do que Lacan expôs por ocasião de seu informe é dada por J.B. Pontalis, *Bull. Psychol.*, tomo XII (1958-1959).

"A psicanálise verdadeira e a falsa". (*"La psychanalyse vraie et la fausse"*) - Junho de 1958. *Freudiana*, n. 4/5.

Seminário VI - "O desejo e sua interpretação".

1959
"Em memória de Ernest Jones: sobre sua teoria do simbolismo" (*"A la mémoire d'Ernest Jones: sur sa théorie du symbolisme"*) - *La Psychanalyse*, 1960, 5. Reaparece em *Escritos*, 1966, aumentado: "De um silabário só depois" (*"D'un sylabaire après-coup"*).

Seminário VII - "A ética da psicanálise".

1960
Intervenção, reescrita por Lacan em junho de 1961, na discussão sobre a exposição de C. Perelman; "A ideia de racionalidade e a regra de justiça" (*"La idée de rationalité et la régie de justice"*) - *Soc. Franç. Philos.*, 23-VI-1960. *Bull. Soc. Franç. Philos.*, 1961, I. Retomado sob o título "A metáfora do sujeito" (*"La mêtaphore du sujet"*) na segunda edição dos *Escritos*.

"Subversão do sujeito e dialética do desejo no inconsciente freudiano" (*"Subversion du sujet et dialectique du désirdans l'inconscientfreudien"*) - Comunicação em um congresso reunido em Royaumont com a atenção dos Colóquios Filosóficos Internacionais sob o título "A dialética" (*"La dialectique"*) a convite de Jean Wahl, de 19 a 23-IX-1960. Reaparece em *Escritos*, 1966; nota final agregada.

"Posição do inconsciente" (*"Position de l'inconscient"*) - Congresso reunido no hospital de Bonneval sobre o tema do inconsciente freudiano, de 31-X a 2-XI-1960. Intervenções condensadas em março de 1964, a pedido de H. Ey para um livro sobre esse congresso. *L'Inconscient*, Desclée de Brouwer, Paris, 1966, aumentado por uma breve introdução e uma nota final. Reaparece em *Escritos*, 1966.

Carta a Winnicot. Saint-Tropez, 5-VIII-1960.

"Propostas diretivas para um congresso sobre a sexualidade feminina" ("Propos directifs pour un congrês sur la sexualité féminine") - Colóquio Internacional de Psicanálise, Amsterdã, 9-XI-1960. Reaparece em *Escritos*, 1966.

"Ética da psicanálise" (*"Ethique de la psychanalyse"*) - Conferência na Faculté Universitaire Saint-Louis, em 10-XI-1960, Bruxelas, Bélgica.

Seminário VIII - "A transferência".

1961
"Resenha com interpolação do seminário da ética", *Annuaire de l'École Pratique de Hautes Étudés*, v. 1961-1962.

Maurice Merleau-Ponty, *"Les temps modernes"*, 1961.

Seminário IX - "A identificação".

1962
"Aquilo que eu ensino" (*"De ce que j'enseigne"*) - Conferência na Evolution Psiquiatrique, em 23-I-1962.

"Kant com Sade" ("*Kant avec Sade*") - Redigido em setembro de 1962. Deveria servir de prefácio à *A filosofia na alcova* ("*La Philosophie dans le boudoir*"). Ed. du Cercle du Livre Précieux, 1963, v. 15. *Critique*, 1963, 191. Reaparece em *Escritos*, 1966, sem a grande nota de introdução. Reapareceu igualmente nas *Obras Completas do Marquês de Sade*, como posfácio ao v. II, tomo III, *Justine*; *A filosofia na alcova* ("*Justine, La Philosophie dans le boudoir*"), Cercle du Livre Precieux, Paris, 1966.

Seminário X - "A angústia".

1963
Seminário inconcluso sobre "Os nomes do pai". Lição inaugural de 10-XI-1963.

Carta a Serge Leclaire de 10-XI-1963. *Omicar?*, L'Excomunication, 1977.

Seminário XI- "Os quatro conceitos fundamentais da psicanálise".

1964
"Fundação da Escola Freudiana de Paris". ("*Fondation de l'École Freudienne de Paris*") - 21-VI-1964. L'Excomunication, *Omicar?*, 1977.

"Do *trieb* de Freud e do desejo do psicanalista" ("*Du trieb de Freud et du désir du psychanalyste*") - Resumido por Lacan de uma intervenção no colóquio convocado pelo Prof. E. Castelli sob o título "Técnica e casuística" ("*Technique et casuistique*"), de 7 a 12-I-1964 na cidade de Roma. Archivo di Filosofia: *Técnica e casuistica*, Oadora, Cedan, 1964. Reaparece em *Escritos*, 1966.

Intervenção na discussão sobre a exposição de P. Ricoeur, "Técnica e não técnica na interpretação" ("*Technique et non-technique dans l'interprétation*"), *Técnica e casuística*, ibid.

Intervenção na discussão sobre a exposição de A. De Walhens "Notas para uma epistemologia da sanidade mental", ibid.

Intervenção na discussão sobre a exposição de Filiasi Carcano "Moral tradicional e sociedade contemporânea" ("*Morale tradizionale e societta contemporanea*"), ibid.

Intervenção na discussão sobre a exposição de P. Marlé "Casuística e morais modernas de situação" ("*Casuistique et morales modemes de situation*"), ibid.

Seminário XII - "Problemas cruciais da psicanálise".

4) NA ESCOLA FREUDIANA DE PARIS (1964-1980)

1965

"Homenagem a Marguerite Duras do êxtase de Lol. V. Stein" (*"Hommage foit a Marguerite Duras du ravissement de Lol. V. Stein"*). Cahiers Renand--Renand-Barrault, Gallimard, 1965, 52.

"Resenhado seminário sobre os quatro conceitos fundamentais", *Annuaire de l'École Pratique des Hautes Études*, v. 1964-1965.

"A ciência e a verdade" ("La science et la verité") - Versão taquigráfica da lição inaugural do Seminário do ano 1965-1966, na Escola Normal Superior sobre "O objeto da psicanálise" ("L'objet de le psychanalyse"), encarregado pela Escola Prática de Altos Estudos, VI seção. 1-XII-1965. *Cahiers pour l'analyse - Cercle d'epistemologie de l'E.N.S.* 1966. Reaparece em *Escritos*, 1966.

Seminário XIII - "O objeto da psicanálise".

1966

"Respostas aos estudantes de filosofia" (*"Réponses à des étudiantes en philosophie"*) - 9-11-1966, *Cahiers pour l'analyse*, 1966, 3.

Intervenção na mesa redonda do colégio de Medicina sobre "O lugar da psicanálise na medicina" (*"La place de psychanalyse dans la médicine"*). Reunião na Selpétriere, 16-11-1966, presidida por Mme. J. Aubry, com H.P. Klots, Mme. G. Raimolt e T. Royers. *Cahiers du College de Médicine*, 1966, 12. Retomado sob o título "Psicanálise e medicina" (*"Psychanalyse et medicine"*) nas Lettres de L'Ecole Freudienne - *Bulletin interieur de l'E.F.P.* - 1967, I.

Apresentação da tradução das "Memórias de um neuropata" (*"Memoires d'un neuropathe"*) de D.P. Schreber por P. Duquenne. *Cahiers pour l'analyse*, 1966, 5.

"Resenha do seminário sobre os problemas cruciais da psicanálise". *Annuaire de l'École Pratique des Hautes Études*, v. 1965-1966.

"Entrevista com Lacan", de Paulo Caruso, in *Conversazioni con Lèvi-Strauss, Foucault, Lacan*, Milão: Ed. Nursia, 1969.

Escritos, Paris: Seuil, 1966. Compilação de artigos já publicados, incluindo notas e trabalhos daquele ano: "Abertura desta compilação" (*"Ouverture de ce recueil"*); "Parêntese dos parênteses" (*"Parenthèse des parenthèses"*); "Do sujeito enfim questionado" (*"Du sujet en fin en question"*); "De um desígnio" (*"D'un dessein"*); "De um silabário só depois" (*"D'un sylabaire après-coup"*); "Apresentação da série" (*"Présentation de la suite"*).

"Sartre contra Lacan". Entrevista com Gilles Lapouge, em 29-XII-1966. *Le Figaro Littéraire.*

"Breve discurso na ORTF", em 2-XII-1966. France Culture, no programa de Georges Charbonnier "Ciências e técnicas".

Entrevista de Jacques Lacan de 14-XII-1966. RTB 111. Registro datilografado por P. de Villere.

"Conversação com J. Lacan" (*"Entretien avec J. Lacan"*), 26-XI-1966, por P. Daix, do *Lettres Françaises*, 1966, 1-7 de dezembro.

"Um psicanalista se explica... Autor misterioso e prestigioso: Jacques Lacan quer que a psicanálise se torne a peste" (*"Un psychanalyste s'explique... Auteur mystérieux et prestigieux: Jacques Lacan veut que la psychanalyse redivienne la peste"*) - Conversação com G. Lapouge, *Le Figaro Littéraire*, 1-XII-1966.

Seminário XIV - "A lógica do fantasma".

1967
"Resenha do seminário sobre o objeto da psicanálise", *Annuaire de l'École des Hautes Études*, v. 1966-1967.

"Proposição de 9 de outubro de 1967 sobre o psicanalista da Escola" (*"Proposition du 9-X-1967 sur le psychanalyste de l'Ecole*) - *Scilicet*, 1968, 1.

"O desprezo do sujeito suposto saber" (*"La méprise du sujet supposé savoir"*) - Comunicação de 14-XII-1967, no Instituto Francês de Nápoles. *Scilicet*, 1968, I.

"Radiofonia" (*"Radiophonie"*) - Entrevista de Jacques Lacan com François Whal em 8-XI-1967 por ocasião da publicação dos *Escritos*.

"Breve discurso aos psiquiatras". Conferência anunciada com o título de "A psicanálise e a formação do psiquiatra", inédito.

Conferência na Faculdade de Medicina de Estrasburgo, em 10-VI-1967, inédita.

Transcrição por J. Nassif do Seminário 1966-1967, "A lógica do fantasma" (*"La logique du fantasme"*), de 16-XI-1966 a 21-VI-1967, *Lettres de l'E.F.P.*, 1967, 1, 2, 3, 4, 6.

"Discurso de encerramento de jornadas sobre as psicoses na criança" (*"Discours de clôture de journées sur les psychoses che; l'enfant"*) - Paris, 22-X-1967,

Recherches, 1968, dezembro, n. especial "Infância alienada" (*"Enfance alienée"*) II. Volume reeditado na coleção 10/18 (U.G.E.) 1972.

"Discursos à E.F.P. em 6 de dezembro de 1967" (*"Discours a l'E.F.P. du 6 décembre 1967"*), com respostas às opiniões suscitadas pela proposição de 9-X--1967. *Scilicet*, 1970, 2-3.

"De Roma 53 a Roma 67: A psicanálise, razão de um fracasso" (*"De Rome 53 a Rome 67: La psychanalyse, raison d'un échec"*) - Comunicação feita ao "magistério" da Universidade de Roma, em 15-XII-1967. *Scilicet*, 1968, 1.

"Da psicanálise em suas relações com a realidade" (*"De la psychanalyse dans ses reports avec la réalité"*) - Comunicação ao Instituto Francês de Milão em 18-XII-1967. *Scilicet*, 1968, I.

Seminário XV - "O ato analítico".

1968
"Resenha do seminário sobre a lógica do fantasma". *Annuaire de l'École Pratique des Hautes Études*, v. 1967-1968.

"Introdução de *Scilicet* como revista da Escola Freudiana de Paris" (*"Introduction de* Scilicet *au titre de la revue de l'École Freudienne de Paris"*) - *Scilicet*, 1968, I.

"Conversação com R. Higgins: Jacques Lacan comenta o nascimento de *Scilicet*" (*"Jacques Lacan commente la naissance de* Scilicet") - *Le Monde*, 16 de março de 1968.

"Notas tomadas nas apresentações de doentes do dr. Lacan no Hospital Saint Anne" (*"Notes prises aux presentations de malades du dr. Lacan a l'Hospital Saint Anne"*) - *Scilicet*, 1968, I.

Breve comentário de Lacan com motivo do número da revista *L'Arc* consagrado a Freud - *Scilicet*, 1968, I.

Intervenção no Congresso da E.F.P. de Estrasburgo sobre "Psicanálise e psicoterapia" (*"Psychanalyse et psychothérapie"*) em 12-X-1968, *Lettres de l'E.F.P.*, 1969, 6.

Intervenção nas discussões sobre as exposições de P. Benoit. "Terapêutica--Psicanálise-Objeto" (*"Thérapeutique-Psychanalyse-Objet"*) e de M. Ritter "Do desejo de ser psicanalista: seus efeitos ao nível da prática psicoterápica do 'aluno-analista'" (*"Du désir d'etre psychanalyste: ses effets au niveau de la pratique psychothérapique de 'l'eleve-analyste'"*). *Lettres de l'E.F.P.*, 1969, 6.

Intervenção nas discussões sobre as exposições de J. Nassif, "Sobre o discurso psicanalítico" ("*Sur le discours psychanalytique*"); D. Certeau "O que Freud faz da história: nota a propósito de: Uma neurose demoníaca no séc XVII" ("*Ce que Freud fait de l'histoire: note a propos de: 'Une névrose demoniaque au XVII siécle'*"); J. Rudrauf "Ensaio de desprendimento do conceito psicanalítico de psicoterapia" ("*Essai de dégagement du concept psychanalytique de psychothérapie*"); J. Oury "Estratégia de salvamento de Freud" ("*Stratégie de sauvetage de Freud*"), Lettres de l'E.F.P., 1969, 6.

"Discurso de J. Lacan à guisa de conclusão do Congresso de Estrasburgo" ("*Discours de J. Lacan en guise de conclusion du Congres de Strasburg*") em 13-X-1968. Lettres de l'E.F.P., 1970, 7.

Seminário XVI - "De um outro ao Outro".

1969
"Duas notas sobre a criança". Duas notas manuscritas a Jenny Aubry. *Ornicar?*, 1986, 37.

"A psicanálise no seu tempo". ("La psychanalyse en ce temps") - Texto introdutório à conferência na Loja do Grande Oriente de França, organizada pela R.L. "Action" em 25-IV-1969. *Bulletin de l' Association Freudienne* n. 4/5, Paris, 1983.

"Resenha sobre o seminário do ato analítico". *Annuaire de la École Pratique des Hautes Études*, v. 1968-1969.

"Mensagem do júri de acolhimento da E.F.P. à assembleia antes de seu voto em 25 de janeiro de 1969" ("*Adresse du jury d'accueil de l'E.F.P. a l'assemblé avant son vote le 25 janvier 1969*"). *Scilicet*, 1970, 2-3.

Intervenção na discussão sobre a exposição de M. Foucault "O que é um autor?" ("*Qu'est-ce qu'un auteur?*") - *Soc. Franç. Philos.*, em 22-11-1969, 3.

Resposta ao pedido de informação bibliográfica em "Antologia dos psicólogos franceses contemporâneos" ("*Anthologie des psychologues français contemporains*") de Hamelin D. e Lesague H., P.U.F., Paris, 1969.

"Apresentação" ("*Presentation*") da publicação dos *Ecrits I*, na coleção de bolso "Points", fechada em 14-XII-1969, Seuil, coll. Points n. 5.

"Prefácio" ("*Préface*") datado: Natal 1969, em Rifflet-Lemaire A. Jacques Lacan; Ch. Dessart, Bruxelas, 1970.

"Conteúdo da conversação com J. Lacan" (*"Teneur de l'entretien avec J. Lacan"*) por Rifflet-Lamaire A., dezembro, 1969, ibid.

Seminário XVII - "O avesso da psicanálise".

1970

"Talvez em Vincennes..." (*"Impromptu à Vincennes"*). *Ornicar?*, 1971, 8.

No congresso da E.F.P., 17-18 e 19-IV-70 sobre "O ensino da psicanálise" (*"L'enseignement de la psychanalyse"*) intervenções nas discussões sobre as exposições: de Ph. Rappard, "Da concepção grega da educação e do ensino da psicanálise" (*"De la conception grecque de l'education et de l'enseignment de la psychanalyse"*); Mme. Montrelay e Bawdry "Sobre o ensino da psicanálise em Vincennes" (*"Sur l'enseignement de la psychanalyse a Vincennes"*); de Ch. Melman "Proposta à pretenção corroborante e antes do congresso" (*"Propos a prétention roborative avant le congrês"*). *Lettres de l'E.F.P.*, 1971, 8.

"Discurso pronunciado no encerramento do Congresso da Escola Freudiana de Paris, em 19 de abril de 1970 por seu diretor" (*"Allocution prononcée pour la clôture du Congrés de l'École Freudienne de Paris, le 19 avril 1970 par son directeur"*) - *Scilicet*, 1970, 2-3. Texto segundo, o falado apareceu em *Lettres de l'E.F.P.*, 1971, 8.

"Radiofonia" (*"Radiophonie"*) - Das sete respostas, quatro foram difundidas em R.T.B. - terceiro programa - dias 5, 10, 19 e 26 de junho, e na O.R.T.F. (France Culture) em 7 de junho de 1970, *Scilicet*, 1970, 2-3.

"Limiar" (*"Liminaire"*), *Scilicet*, 1970, 2-3.

Seminário XVIII - "De um discurso que não seria do semblante".

1971

"O saber do psicanalista" (*"Le savoir du psychanalyste"*), seminário em Ste. Anne.

No Congresso da E.F.P. em Aix-en-Provence, de 20 a 23-V-1971 sobre a "Técnica da psicanálise" (*"La technique de la psychanalyse"*) intervenções nas exposições: de Mme. Ch. Bardet-Giraudon, "Do romance concebido como o próprio discurso do homem que escreve" (*"Du roman conçu comme le discours même de l'homme qui écrit"*); de P. Lemoine, "A propósito do desejo do médico" (*"A propos du désir du médecin"*); de J. Guey, "Contribuição ao estudo do sintoma epilético" (*"Contribuition a l'etude du symptôme épileptique"*); S. Ginestet-Elsair, "A psicanálise está do lado da verdade" (*"Le psychanalyse est du coté de la verité"*); A. Didier e M. Sylvestre "Na escuta do escutado" (*"A *l'écoute de l'ecouté*"); P. Mathis, "Observações sobre a função do dinheiro na técnica analítica" ("*Remarques sur la fonction de l'argent dans la technique analytique*"); S. Zlatine, "Técnica da intervenção: incidência do automatismo de repetição do analista" ("*Technique de l'intervention: incidence de l'automatisme de repetition de l'analyste*"); Couté e Beirnaert, "Da análise das resistências ao tempo da análise" ("*De l'analyse des resistances au temps de l'analyse*"); J. Rudrauf, "Da regra fundamental" ("*De la régie foundamentale*"); S. Leclaire, "O objeto dentro da cura" ("*L'objet dans la cure*"); de P. Delaunay "O movimento especular da cura, momento de ruptura" ("*Le moment spéculaire de la cure, moment de rupture*"). Lettres de *l'E.F.P.*, 1972, 9.

"Para o anuário" ("Pour l'annuaire") - Datado em 28-XI-1971.Annuaire 1982 de l'Ecole de la Cause Freudienne, Paris, 1982.

"Discurso de Tóquio" ("*Discours de Tokio*") - Intervenção por ocasião do lançamento da tradução japonesa dos *Escritos*. Publicado em japonês no livro *Discours de Jacques Lacan*, Tóquio, 1985.

"Discurso de conclusão no congresso de Aix-en-Provence" ("*Discours de conclusion au congrés de Aix-en-Provence*") em 13-XI-1971. Texto retrabalhado, Lettres de *l'E.F.P.*, 1972, 10.

Opinião de J. Lacan sobre Uma profissão de cão ("*Un metier de chien*"), romance de Dominique Desanti, *Le Monde*, 19 de novembro de 1971.

"Lituraterre" ("*Littérature*") 1971, n. 3, sobre Literatura e Psicanálise.

Seminário XIX - " ... ou pior".

1972
"Aviso ao leitor japonês" ("*Avis au lecteur japonais*") - Datado em 27-I-1972. Lettre mensuelle de la Cause Freudienne, Paris, 1981.

Conferência em Louvain em 13-X-1972.

"O atordoado" ("L'etourdit") - Datado em Beloil em 14-VI-1972. *Scilicet*, 1973, 4.

Seminário XX - "Mais, ainda".

1973
"Sobre a experiência do passe e sua transmissão" ("*Sur la expérience du passe et sa transmition*") - Datado em 3-XI-1973. *Ornicar?*, 1977, 12/13.

"Carta aos italianos" ("*Note italienne*") - *Omicar?*, 1984, 25.

Alocução para France Culture por ocasião do 28º Congresso Internacional de Psicanálise, Paris, julho de 1973.

"Os quatro conceitos fundamentais da psicanálise" ("*Les quatre concepts fondamentaux de la psychanalyse*") - *Le séminaire de J. Lacan, livre XI.* Texto estabelecido por J.A. Miller. Seuil, 1973.

"Posfácio" ("*Posface*") datado em 1 de janeiro de 1973 para "Os quatro conceitos fundamentais da psicanálise" ("*Les quatre concepts fondamentaux de la psychanalyse*"), Seminário de 1964, Livro XI, Seuil, 1973.

"Conversação com Lacan. Propósitos elucidados" ("*Entretien avec Lacan. Propos élucidés*"), por B. Poirot-Delpach, *Le Monde*, 5 de abril de 1973.

Intervenção na abertura das jornadas da E.F.P. nos dias 29 e 30-IX-1973. *Lettres de l'E.F.P.*, 1973, 11.

Introdução, nas mesmas jornadas, sobre as exposições: de Conté, "Sobre o modo de presença das pulsões parciais na cura" ("*Sur le mode de présence des pulsions partielles dans la cure*"); Safouan, "A função do pai real" ("*La fonction du pêre réel*"); Allouch, "Articulação entre a posição médica e a do analista" ("*Articulation entre la position médicale et celle de l'analyste*"). Intervenção em uma mesa redonda, apresentado por Clavreul, *Lettres de l'E.F.P.*, 1973, II.

Palavras de conclusão das jornadas da E.F.P., em 1-X-1973, *Lettres de l'E.F.P.*, 1973, 11.

"Televisão" ("*Televisión*") - Texto de uma emissão sobre J. Lacan realizado pelo Serviço de Investigação da O.R.T.F., natal 1973. Seuil, 1973.

Seminário XXI - "Os não incautos erram" ("*Les non-dupes errent*").

1974
"O despertar da primavera" ("*Le réveille du printemps*") - Gallimard, 1974. *Ornicar?*, 1986, 39.

"A terceira" ("*La troisieme*") - Alocução em 1-XI-1974. *Lettres de l'E.F.P.*, 1975, 15.

"Abertura do VII Congresso da E.F.P. em Roma". 31-X-1974. Lettres de l'E.F.P. 1975, 15.

"Encerramento do VII Congressoda E.F.P." *Lettres de l'E.F.P.*, 1975, 16.
"Improvisação sobre o desejo de morte, o sono e o sonho" ("Improvisation sur

le désir de mort, réve et réveil") - Resposta a uma pergunta de Cathérine Millot. *L'Ane*, n. 10, 1982.

Seminário XXII - "R-S-I".

1975
"Conferência em Genebra sobre o sintoma" em 4-X-1975. Centro Raymond de Saussure.

"Abertura das Jornadas de cartéis". 12-IV-1975. *Lettres de l'E.F.P.*, 1976, 17.

"Encerramento da Jornada de cartéis". 13-X-1975. *Lettres de l'E.F.P.*, 1976, 17.

"Sobre o Uverkannt" ("*Sur l'Uverkannt*") - Resposta de Lacan a uma pergunta de Marcel Ritter. 26-1-1975. *Lettres de l'E.F.P.*, 1976, 17.

Intervenção na discussão da exposição de André Albert "Sobre o prazer e a regra fundamental". Junho de 1975. *Lettres de l'E.F.P.*, 1976, 17.

"*Joyce le Symptome*". Conferência de abertura do V Simpósio Internacional James Joyce. Paris, Sorbonne, 16-VI-1975.

"Freud à jamais". Entrevista de Lacan com Emilio Granzotto. Roma, 1975.

"Encerramento das Jornadas de novembro de 1975". *Lettres de l'E.F.P.*, 1978, 23.

"Mais, ainda" ("*Encore*") - *Le séminaire de J. Lacan, livre XX*. Texto estabelecido por J.A. Miller. Seuil, 1975.

"Os escritos técnicos de Freud" ("*Les écrits techniques de Freud*") - *Le séminaire de J. Lacan, livre I*. Texto estabelecido por J.A. Miller. Seuil, 1975.

"O seminário de J. Lacan: R-S-I". Lições de 11 e 18-XI-1975. Texto estabelecido por J.A. Miller. *Ornicar?*, 1975, 4.

Da psicose paranoica em suas relações com a personalidade, seguido de Primeiros escritos sobre a paranoia" ("*De la psychose paranoiaque dans ses rapports avec la personalité, suivi de Premiers écrits sur la paranóia*"), Le Seuil, coll. Le champ freudien.

"Ou, pior..." Introdução à edição alemã de um primeiro volume dos *Escritos* ("*Ou pire...* " *Introduction a l'edition allemande d'un premier volume des Écrits*"). *Scilicet*, 1975, 5.

Seminário XXIII - "O Sintoma".

1976

"Nota liminar". 11-X-1976. "A cisão de 1953" - Suplemento do n. 7 de *Ornicar?*, 1976.

"Prefácio à edição inglesa do seminário XI". Paris, 17-V-1976. *Ornicar?*, 1977, 12/13.

"*Faire Mouche*". Nota redigida por Jacques Lacan sobre um filme de Benoit Jacquot. *Opinion*, 1976.

"Fechamento do Nono Congresso de l'E.F.P.", ("*Clôture de neuviene Congrés de l'E. F.P.*"). *Lettres de l'E.F.P.*, 1976, 19.

"Conferências e conversações em Universidades norte-americanas" ("*Conferénce et entretiens dans des universités nord-americaines*"). Yale, Columbia, *Scilicet*, 1976, 6/7.

Seminário XXIV - "*L'insu que sait de l'une-bevue s'aille a mourre*".

1977

"Resposta de Jacques Lacan sobre os nós e o inconsciente". *Lettres de l'E.F.P.*, 1977, 21.

"*Cest à la lecture de Freud...*", *Cahiers Cistre* n. 3, "Lacan", Robert Georgin, Lausanne, Suíça, 1977.

"Sobre a histeria" ("*Propos sur l'hystériery*") - Conferência em Bruxelas, Bélgica, em 26-XI-1977.

"Abertura da Seção Clínica" (5-1-1977) - *Ornicar?*, 1977, 9.

"Discurso de encerramento - Os matemas da psicanálise" ("*Discours de clôture - Les mathemes de la psychanaiysery*") - *Lettres de l'E.F.P.*, 1977, 21.

"O seminário de J. Lacan" ("*Le seminaire de J. Lacan*"), texto estabelecido por J.A. Miller, "L'une bevue", de 16-XI e 14-XlI-1976. *Ornicar?*, 1977, 12/13.

"Meio dizer" ("Decir a medias") - *Lust*, México, 1977.

Seminário XXV - "Momento de concluir".

1978
"Encerramento das Jornadas - Jornadas de Lille" (*"Clôture des Journées - Journées de Lille"*) - *Lettres de l'E.F.P.* 1978, 23.

"Homenagem solene pela ocasião do 23º centenário da morte de Aristóteles" (*"Hommage solennel à l'occasion du centenaire de la mort d'Aristote"*) - 1-VII-1978.

"O seminário de J. Lacan" (*"Le seminaire de J. Lacan"*), texto estabelecido por J.A. Miller, "L'une bevue", de 11-I-1977. *Ornicar?*, 1978, 14.

"O eu na teoria de Freud e na técnica da psicanálise" (*"Le moi dans la théorie de Freud et dans la technique de la psychanalyse"*) - texto estabelecido por J.A. Miller. *Le Seminaire, Livre II*, Seuil, 1978.

Seminário XXVI - "A topologia e o tempo".

1979
"Conclusões" - Congresso sobre a transmissão. *Lettres de l'E.F.P.*, 1979, 25.

"O seminário de J. Lacan" (*"Le seminaire de J. Lacan"*) - texto estabelecido por J.A. Miller. "L'une bevue", de 18-I-1977, *Ornicar?*, 1979, 15.

"O seminário de J. Lacan" (*"Le seminaire de J. Lacan"*) - texto estabelecido por J.A. Miller, "Uma prática de falação" (*"Une practique de bavardage"*), *Ornicar?*, 1979, 19.

1980
"Carta de dissolução" (*"Lettre de dissoluction"*) - 5-I-1980. *Ornicar?*, 1980, 20/21.

5) NA CAUSA FREUDIANA (1980-1981)

"Um Outro falta" - 15-I-1980. *Annuaire de l'Ecole de la Cause Freudienne*, Paris, 1982.

"Carta ao jornal *Le Monde*" - 24-I-1980. *Annuaire de l'E.C.F.*, Paris, 1982.

"*D'Ecolage*" - 11-III-1980. *Annuaire de l'E.C.F.*, Paris, 1982.

"*Monsieur A.*" - 18-III-1980. *Annuaire de l'E.C.F.*, Paris, 1982.

"Carta para a Causa Freudiana" - 23-X-1980. *Annuaire de l'E.C.F.*, Paris, 1982.

"*Lumière*" - *Ornicar?*, 1981, 22/23.

"O mal-entendido" ("*Le malentendu*") - *Ornicar?*, 1981, 22/23.

"*Delenda est*" - *Delenda*, bulletin temporaire n. 1, Paris, 1980.

"Convite para o Encontro Internacional de fevereiro de 1982" - Courier de la Cause Freudienne, Paris, 1980.

"Abertura do Encontro de Caracas" - Atas do Primeiro Encontro do Campo Freudiano.

"Seminário de Caracas" - Atas do Primeiro Encontro do Campo Freudiano.

6) NA ESCOLA DA CAUSA FREUDIANA

1981
"Voilà un mois..." - Primeira carta do Foro. 26-I-1981. *Annuaire de l'E.C.F.*, Paris, 1982.

"Monfort..." - Segunda carta ao Foro. 11-III-1981. *Annuaire de l'E.C.P.*, Paris, 1982.

Desde os anos setenta, coube a Jacques-Alain Miller a tarefa de editar os seminários e a responsabilidade pelo estabelecimento do texto definitivo. Este trabalho, ininterrupto, tem dado como resultado a periodicidade das publicações, logo traduzidas para várias línguas. Mesmo assim, ainda faltam alguns quantos, sem previsão de lançamento.

Em 2001, no centenário do seu autor, veio a lume Outros Escritos, coletânea de artigos e intervenções avulsas, agora reunidas num só volume. Conferências e aulas continuam a ser divulgadas em revistas institucionais. Na Internet, não faltam páginas, sites e redes lacanianas, e uma grande disponibilidade de material inédito.

Como um manancial significante que não cessa de não se esgotar, a obra de Lacan adentra no século XXI permeando outras disciplinas e sistemas de saber, sem perder a prática clínica como referência primeira e última da lógica do seu pensamento.

Atividades de transmissão da Psicanálise atualmente desenvolvidas pelos autores:

Oscar Cesarotto

Curso de atualização teórica: IDEIAS DE LACAN
ideiasdelacan@bol.com.br
(11)2366.0165

Márcio Peter de Souza Leite

INSTITUTO MÁRCIO PETER
Conexão Lacaniana
info@marciopeter.com.br
www.conexaolacaniana.com.br/lojavirtual
(11)2361.0249

OUTROS TÍTULOS

PSICANÁLISE LACANIANA
Márcio Peter de Souza Leite

DA NEUROLOGIA À PSICANÁLISE
Lynn Gamwell e Mark Solms

POR CAUSA DO PIOR
Dominique Fingermann e Mauro Mendes Dias

PEDOFILIA
Fani Hisgail

NO OLHO DO OUTRO
Oscar Cesarotto

IDEIAS DE LACAN
Oscar Cesarotto (org.)

O DESEJO DE FREUD
Antonio Franco Ribeiro da Silva

A CRIANÇA NO DISCURSO DO OUTRO
Jussara Falek Brauer

CONTRA NATURA
Oscar Cesarotto

UM AFFAIR FREUDIANO
Oscar Cesarotto

Este livro foi composto em Times pela
Iluminuras e terminou de ser impresso
nas oficinas da *Meta Brasil Gráfica*, em
São Paulo, SP, em papel off-white 80g.